中国创业培训

网络创业

培训讲师手册

（电商版）

人力资源和社会保障部职业能力建设司
中国就业培训技术指导中心
组织编写

中国劳动社会保障出版社

图书在版编目（CIP）数据

网络创业培训讲师手册：电商版 / 人力资源和社会保障部职业能力建设司，中国就业培训技术指导中心组织编写．-- 北京：中国劳动社会保障出版社，2018

ISBN 978-7-5167-3519-0

Ⅰ．①网… Ⅱ．①人… ②中… Ⅲ．①电子商务 - 技术培训 - 手册 Ⅳ．① F713.36-62

中国版本图书馆 CIP 数据核字（2018）第 130343 号

中国劳动社会保障出版社出版发行

（北京市惠新东街 1 号 邮政编码：100029）

*

北京谊兴印刷有限公司印刷装订 新华书店经销

890 毫米 ×1240 毫米 16 开本 5.5 印张 90 千字

2018 年 6 月第 1 版 2019 年 1 月第 3 次印刷

定价：18.00 元

读者服务部电话：（010）64929211/84209101/64921644

营销中心电话：（010）64962347

出版社网址：http：//www.class.com.cn

编审委员会

主　任： 张立新　刘　康

副主任： 王晓君　袁　芳

委　员： 王　霄　蔡　兵　项声闻　杨　奕　张　薇

马　威

编审人员：（按姓氏笔画排列）

王勇能　冯　卓　庄　辉　吕继仁　张　冲

祝　莉　赵重阳　凌　军　聂　兵　梁　峰

梁旭光

前言

党的十九大明确提出实现更高质量和更充分就业，鼓励创业带动就业。人力资源和社会保障部自 20 世纪 90 年代末开展创业培训以来，一直寻求创新发展，在与国际劳工组织合作的“创办和改善你的企业”（SIYB）创业培训项目成果基础上，近年来，顺应互联网经济新形势，探索开发了网络创业培训项目，并在全国开展试点，为推进“双创”工作发挥了积极作用，也逐步形成人力资源和社会保障部促进创业带动就业工作的品牌——马兰花中国创业培训项目。

加强创业培训师资队伍建设是促进以创业带动就业工作的一项重要内容。创业培训师资队伍的数量和水平，是创业培训质量与效果的重要保证，而创业培训师资队伍品牌的建立更依赖于创业培训师资在实践中不断钻研、磨炼和提升。为进一步加强网络创业培训师资队伍能力建设，在人力资源和社会保障部职业能力建设司指导下，中国就业培训技术指导中心组织专家开发了《网络创业培训教程（电商版）》的讲师配套用书《网络创业培训讲师手册（电商版）》，帮助网络创业培训讲师规范高效地完成网络创业培训的教学任务。

本手册包括网络创业培训讲师、网络创业培训（电商）学员培训周期、网络创业培训（电商）学员班教学计划三部分内容。网络创业培训讲师部分重点介绍了网络创业培训讲师的核心职责与开发管理。网络创业培训（电商）学员培训周期部分主要介绍了组织实施网络创业培训班的核心技术要求，包括课程推介、学员选择、培训需求分析、实施培训、后续服务以及对培训的监督与评估。网络创业培训（电商）学员班教学计划部分具体讲述了网络创业学员培训课程的教学目的、授课时间以及授课的主要内容、方法、流程和视觉视觉教具等，使讲师更容易开展学员培训。同时本手册的附录中提供了网络创业培训（电商）学员班监督与评估工具、网络创业培训（电商）术语一览表。此外，根据网络创业培训（电商）讲师培训课程安排，讲师培训班还将配套提供实践任务手册，用于指导讲师完成师资培训翻转课堂的学习和实践任务。

由于网络创业培训项目开发时间紧，且经验不足，手册内容难免有不妥之处，还需要在实践推广中进一步优化，敬请谅解。使用本手册过程中如发现需要修订之处请及时与我们联系，以便修订或再版时加以订正。

人力资源和社会保障部职业能力建设司

中国就业培训技术指导中心

2018 年 4 月

目　　录

第一部分　网络创业培训讲师

1. 什么是网络创业培训讲师

如图 1—1 所示，网络创业培训师资包括网络创业培训讲师和网络创业培训师两个群体。

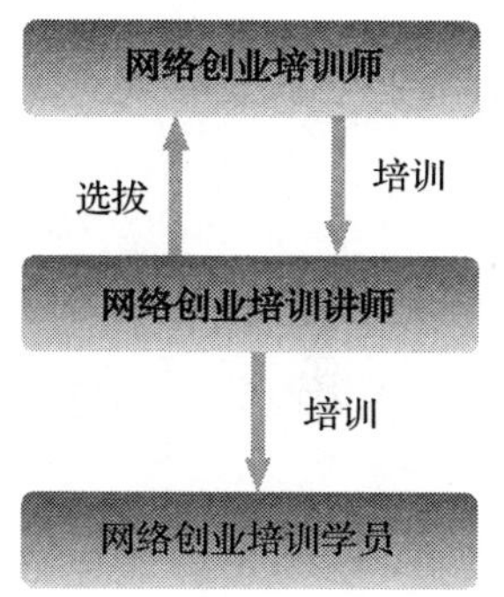

图 1—1　网络创业培训师资

网络创业培训讲师是指参加由人力资源社会保障部门统一组织的网络创业培训讲师培训，获得网络创业培训讲师培训合格证书，并开展网络创业培训学员班教学和后续指导工作的人员。

网络创业培训师是指通过由人力资源和社会保障部按照《网络创业培训组织实施技术规程（试行）》统一组织的网络创业培训师选拔及培训，并开展网络创业培训讲师培训和后续指导工作的人员。

2. 网络创业培训讲师的职责

根据《网络创业培训组织实施技术规程（试行）》的要求，网络创业培训讲师的核心职责应包括以下 5 个方面。

2.1　配合当地创业培训主管部门和培训机构做好网络创业培训课程推介及宣传。

2.2 配合网络创业培训机构组织网络创业培训学员班。主要包括以下内容：

2.2.1 学员选择。

2.2.2 培训需求分析。

2.2.3 培训指导。

2.2.4 考试及成果提交。

2.3 配合培训机构做好网络创业培训后续跟踪与扶持服务。

2.4 依托网络创业培训教学辅助平台的培训管理系统，做好培训质量监督与评估。

2.4.1 运用网络创业培训（电商）学员班监督与评估工具表单，对培训学员班全程进行监督与评估，并收集信息。

2.4.2 定期组织培训效果评估。

2.5 配合当地创业培训主管部门做好创业沙龙、创业大讲堂、创业博览会、创业大赛、师资技术研讨交流等工作。

3. 网络创业培训（电商）讲师的培训与管理

3.1 网络创业培训（电商）讲师申请条件

3.1.1 持有创业培训主管部门颁发的《创业培训（SIYB）讲师培训合格证书》。

3.1.2 具有互联网创业或从业经历，熟悉互联网行业，了解互联网创业一般规律和流程。

3.1.3 具备店铺经营（或电子商务）熟练操作能力和相关指导能力。

3.1.4 具备计算机技术或电子商务技术相关学习背景。

3.2　网络创业培训（电商）讲师培训周期

如图 1—2 所示，网络创业培训（电商）讲师的培训与 SIYB 创业培训讲师相同，也需经历一个完整的培训周期，包括筛选面试、培训需求分析、实施培训、后续提升、选评认证，以及对整个周期的监督与评估。

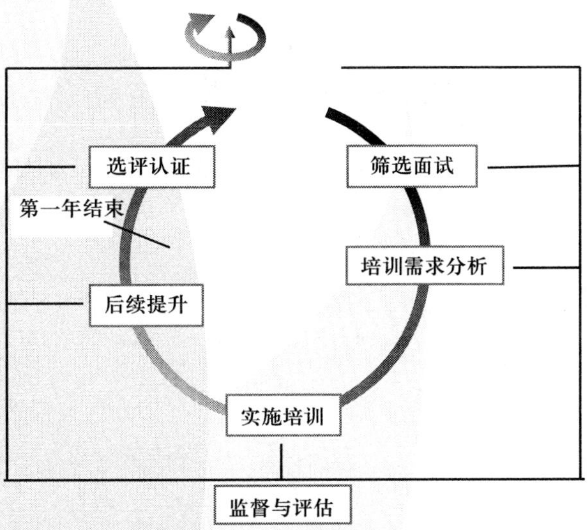

图 1—2　网络创业培训（电商）讲师培训周期

3.3　网络创业培训（电商）讲师培训核心要求

3.3.1　课时要求：白天授课 80 学时（建议 10 天 9 晚，每晚应以互助学习小组[①]的形式完成当日实践任务，即翻转课堂[②]内容的学习，时间不限，以完成任务为准）。

3.3.2　考勤要求：参加网络创业培训（电商）讲师培训班，需严格遵守课堂纪律，不旷课[③]，不迟到，不早退，否则将被取消参加考试的机会。

3.3.3　监督与评估：授课培训师在培训期间应全程使用网络创业培训（电商）讲师培

① 互助学习小组：参见本书第 18 页“互助学习小组”教学法相关内容。

② 翻转课堂：指学员通过互联网提前在线学习课程内容，授课培训师在线下课堂对学员的学习情况进行检测，并解决学员的学习疑问，引导学员运用知识，达到内化和拓展的目的，从而获得更好的培训效果。网络创业培训讲师（电商）培训要求讲师通过网络创业培训教学辅助平台或互联网其他渠道，在每天晚上自学教学视频，收集相关资料，从而完成实践任务。第二天课堂教学过程中，授课培训师将检查讲师实践任务完成情况，并对反映出来的重点、难点问题进行深入讲解和示范。实践任务清单由培训师在开班前发放给讲师，并指导其使用及完成实践任务清单。

③ 原则上请假总时长不得超过 4 学时。

训监督与评估工具表单。

3.3.4　考试要求：参加网络创业培训（电商）讲师培训的人员需通过理论考试①、试讲②、网络创业实践成果和店铺规划书提交③三项考核，三项考核成绩均合格者方可获得由当地创业培训主管部门印发的网络创业培训讲师培训合格证书。

3.4　网络创业培训（电商）讲师班培训课程安排

日期	时间	教学内容
第一天	08:30—12:00	1. 开班式 2. 网络创业培训体系介绍 3. 建立互助学习小组
	14:00—17:30	1. 了解网络创业形势 2. 认识电商创业机会
	晚上	完成店铺注册、项目选择和市场分析的实践任务
第二天	08:30—12:00	1. 电商创业者的自我评价 2. 项目选择与市场分析
	14:00—17:30	开办准备
	晚上	完成商品展示、店铺装修的实践任务
第三天	08:30—12:00	1. 运营管理的基本原理 2. 运营管理——店铺呈现（上）商品展示
	14:00—17:30	运营管理——店铺呈现（下）店铺装修
	晚上	完成店铺管理、店铺推广的实践任务
第四天	08:30—12:00	运营管理——店铺管理
	14:00—17:30	运营管理——店铺推广
	晚上	完成财务计划、运营优化的实践任务

① 理论考试：考试时间为 90 分钟，满分 100 分，60 分（含）以上为合格。

② 试讲：讲师通过现场抽取到的顺序签、试讲题签，在规定时间内完成抽取题目的试讲。授课培训师及其他讲师对试讲讲师的表现进行点评、评分，并填写《网络创业培训讲师培训试讲评分表》。试讲满分 5 分，4 分（含）及格。

③ 网络创业实践成果和店铺规划书提交：讲师在培训结束前需登录网络创业培训教学辅助平台在线提交实践成果和店铺规划书。实践成果包括模拟商城店铺信息和真实第三方店铺信息，其中真实第三方店铺信息可在 PC（Personal Computer，个人计算机）端店铺或移动端店铺中任选其一提交。培训师根据《网络创业培训（电商）实践成果评分表》对实践成果及店铺规划书进行评定，满分 100 分，60 分（含）以上为合格。

续表

日期	时间	教学内容
第五天	08:30—12:00	1. 运营管理——财务计划 2. 运营优化
	14:00—17:30	1. 培训周期与监督评估工具 2. 课程复盘 3. 试讲抽签
	晚上	备课
第六天	全天	备课与指导
第七天	08:30—12:00	学员试讲（5人）
	14:00—17:30	学员试讲（5人）
第八天	08:30—12:00	学员试讲（5人）
	14:00—17:30	学员试讲（5人）
第九天	08:30—12:00	学员试讲（5人）
	14:00—17:30	学员试讲（5人）
第十天	08:30—12:00	1. 提交实践成果与店铺规划书 2. 理论考试
	14:00—17:30	1. 结束评估与行动计划 2. 结班仪式

3.5　网络创业培训（电商）讲师管理

网络创业培训（电商）讲师由当地创业培训主管部门统一管理。当地创业培训主管部门可通过网络创业培训教学辅助平台的培训管理系统，做好网络创业培训讲师的登记、培训记录、派遣、提升培训及选评认证等相关工作。中国就业培训技术指导中心将全面掌握系统中录入的讲师工作状态和培训效果评估结果，从而组织后续相关开发、管理工作。

第二部分　网络创业培训（电商）学员培训周期

网络创业培训（电商）学员培训周期（以下简称“培训周期”）是指组织一期网络创业培训（电商）学员班所涉及的各个步骤，包括课程推介、学员选择、培训需求分析、实施培训、后续服务和对整个周期的监督与评估六个步骤，如图 2—1 所示。

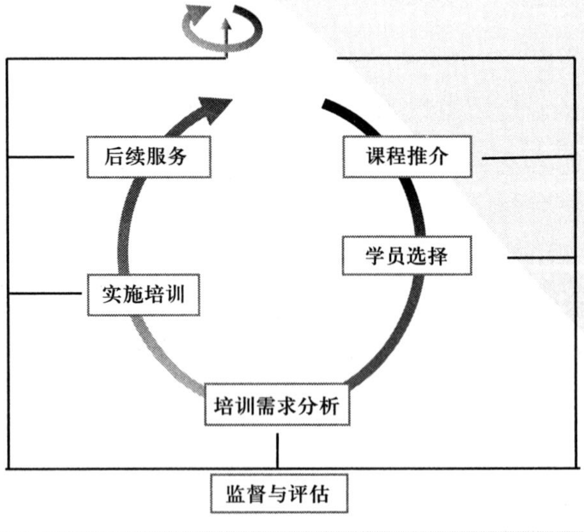

图 2—1　网络创业培训（电商）学员培训周期

1. 培训周期第一步：课程推介

推介（市场营销）是指运用专业的推介工具，选定合适的时间，通过组织线上、线下的推介活动，向潜在的培训目标群体推介网络创业培训及后续服务，从而吸引其关注并产生参加相关网络创业培训活动的意愿。

1.1　什么是课程推介

基于市场营销理论，网络创业培训的课程推介是指网络创业培训机构尽一切努力，根据市场环境和客户需求的变化，制订合理的、具有竞争力的价格计划（目前以财政补贴培训为主），并向潜在学员提供基于他们需求的网络创业培训产品的过程。

1.2　为什么要进行课程推介

有效的课程推介将会帮助网络创业培训机构：

- 通过市场调研，找出符合培训目标并与培训机构自身优势最为吻合的市场机会。
- 通过市场细分，挖掘并挑选出对培训产品有需求、有意愿且具有购买（参与）能力的目标学员。
- 通过市场定位，合理组织、分配、使用机构资源，推介培训产品以吸引更多潜在学员，从而实现培训目标。

1.3　如何开展课程推介

网络创业培训机构或培训讲师要想全面、有效地开展课程推介工作，首先要弄清“谁是潜在学员”。为此，培训机构或讲师要解答这样几个问题：

- 网络创业培训学员想要什么？
- 网络创业培训学员真正的需求是什么？
- 网络创业培训学员有哪些特殊要求？

通过回答这几个问题，培训机构或讲师就能确定网络创业培训课程这一培训产品 / 服务的市场营销组合，其四个关键变量分别是：

- 产品 / 服务：即如何让培训产品 / 服务符合并满足学员的需求。
- 价格：即如何合理制定培训产品 / 服务的价格（目前购买培训产品 / 服务的资金以财政补贴为主）。
- 地点：即如何选择以学员为中心、体现较高成本效益的分销渠道。

● 促销：即如何吸引学员接受并购买（参与）培训产品 / 服务。

通常情况下，讲师不会直接参与制定自己所在机构的创业培训营销战略，但有机会直接参与某个单项营销活动，如现场向潜在学员推介培训产品 / 服务等。因此，作为讲师，了解在现场如何开展课程推介工作，如何确保目标学员持续关注培训产品 / 服务且使各方受益非常重要。

1.3.1　了解目标学员

首先，培训机构或讲师可以通过问卷调查、面谈访问、电话访问或网络社交媒体等方式收集潜在学员信息，也可以通过各种渠道获得第二手学员信息，如可在一些报纸杂志上获得某些特定学员信息。

其次，培训机构或讲师要及时对信息进行归类、汇总整理。潜在学员信息归类要能体现学员特征，包括年龄、性别、家庭地址、教育背景、收入水平、创业动机、互联网认知及应用能力、有无创业经历、特殊培训需求，以及培训机构或讲师认为有价值的其他信息。

通过市场调研收集这些潜在学员信息并对信息分类后，讲师就可以分析这些潜在学员的培训需求，然后根据分析结果设计能够满足潜在学员培训需求的个性化培训方案。只有这样才能更好地提高学员对培训产品 / 服务的满意度。

1.3.2　提供能够满足学员需求的培训产品 / 服务

为使培训产品 / 服务更符合学员需求，培训更具有针对性，讲师可以合理调整、补充培训内容，灵活安排培训时间和培训地点，有效运用各种培训方法和培训工具。

1.3.3　制定合适的产品 / 服务价格

合适的产品 / 服务价格可以在满足学员价格需求的基础上，保证培训机构资金的可持续性，也为讲师提供有力的工作保障。尽管网络创业培训大部分属于政府财政补贴培训，但作为讲师，仍应了解制定合适的产品 / 服务价格应包括以下三个步骤：

● 步骤一：制定培训的成本预算。

● 步骤二：了解潜在学员（培训赞助单位）能够承受的价格[①]。

① 对于学员而言，如果培训是付费的，那么学员参加培训的动机就会受到影响。经验表明，付费的程度与个人的承诺之间有着紧密的联系。培训机构或讲师需要关注“学员能为培训支付多少学费”。学员的付费能力在很大程度上取决于他们可支配收入的水平及其对培训的需求程度。有时，培训机构或讲师可能会发现，其面对的学员中有一部分可能由于贫穷或其他原因不能或仅能支付部分培训费用，而一些具有强烈创业愿望并希望通过培训提升创业能力的学员则愿意为培训支付费用。

- 步骤三：了解竞争对手的价格。

1.3.4　建立以学员为中心的产品 / 服务分销体系

建立以学员为中心的产品 / 服务分销体系意味着培训工作要关注以下三个方面：

- 培训地点让学员满意。
- 尽可能降低分销成本。
- 找出能够使学员获得培训产品 / 服务的渠道。

1.3.5　推广相应的培训产品 / 服务

推广相应的培训产品 / 服务的目的是让学员了解培训产品并吸引他们购买这一服务。有效的促销体现在以下四个方面：

- 选择正确的目标学员。培训机构或讲师要学会选择那些能够在培训中获益的潜在学员，并传递对潜在学员有吸引力的培训信息。
- 使用正确的沟通渠道。培训机构或讲师可以根据具体情况和条件，使用一种或多种渠道向那些有创业意愿的潜在学员推介培训项目，传递推介信息。
- 选择正确的沟通方式。培训机构或讲师在向潜在学员传递信息时，要采用学员容易接受的语言及表述方式，便于学员理解和记忆，要让学员清楚，参加培训对于学员来说意味着什么，以及学员能够获得哪些益处。
- 使用正确的沟通工具。培训机构或讲师在推介培训产品 / 服务时，应该选择简单、清晰的易于激发目标学员学习兴趣的载体。

有时，培训机构或讲师不仅要向潜在学员推介筹划中的创业培训活动，还要向潜在的赞助单位推介，这样做是希望后者能够承担学员学费和总培训成本之间的差额。不论是对于培训赞助单位还是培训受益人，采用面对面的交流方式能够更清晰、高效地传递信息。

2. 培训周期第二步：学员选择

2.1　什么是学员选择

学员选择是指在课程推介环节之后，培训机构根据潜在学员参与网络创业培训的意愿和需求对其进行筛选，挑选出能够从培训中受益的群体，并根据其实际情况将其合理分流安排到适合的培训课程中。

2.2 为什么要进行学员选择

培训机构应高度重视学员选择环节，使学员能够被分流到符合其创业意愿且适合其能力水平的培训课程中，最大限度地保证培训效果。

2.3 如何进行学员选择

2.3.1 选择学员的标准

参加网络创业培训（电商）的学员应该具有以下特征：

- 有自主创业的动机，且有明确、具体的依托互联网创业的想法，或已经创办企业并希望企业互联网化等。
- 具备参加培训的条件（基本的读写计算能力、一定的计算机知识和操作能力、互联网基本认知和一定的应用能力），有条件的地区可以组织学员进行计算机操作水平提升培训。
- 能够保障全程参与培训的时间。

2.3.2 选择学员的流程

选择学员主要通过面试来进行，流程如图 2—2 所示。

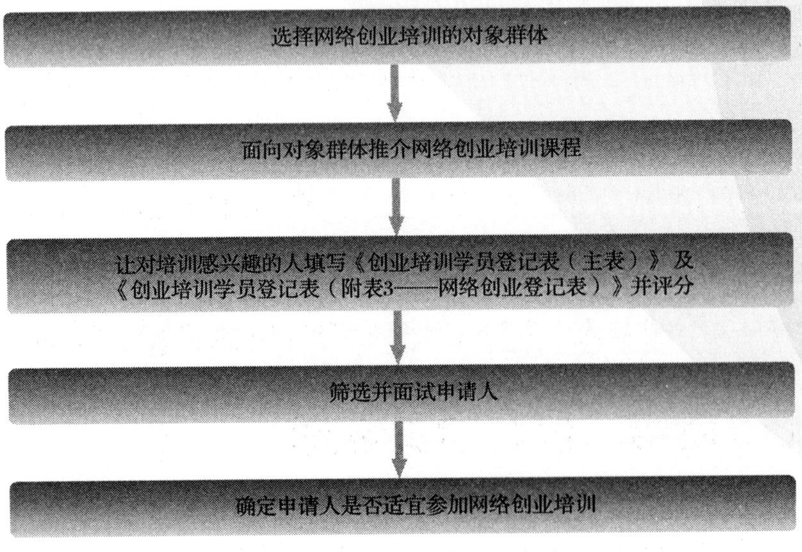

图 2—2 选择学员的流程

讲师参与选择学员更有利于保证培训质量。讲师需要对每一个潜在的学员进行一次简短的筛选面试。面试的目的是在获取该潜在学员基本信息的同时确定其是否具有创业的意愿，是否符合培训的最低入选标准，从而选择出具备参加培训条件的学员。

面试可以在办公室或方便学员到达的地点进行。学员选择面试需要 10 ～ 15 分钟。学员选择面试依据《创业培训学员登记表》（主、附表）来进行。《创业培训学员登记表》（主、附表）的填写应确保准确、完整，以便培训机构或讲师能够获得更多的潜在学员信息。进行学员面试的同时，讲师还要对潜在的学员进行培训需求分析，这一过程可以借助培训需求分析问卷来完成。面试要在轻松的氛围中进行，不要让面试者感到压力，面试后要告知潜在学员其是否具备参加培训的条件并说明原因，以帮助他们理清实际的培训需求。

2.3.3　选择学员的工具

为保证选择学员环节客观、准确、高效，培训机构应使用选择学员的标准工具，并按照规定的流程组织选择学员的工作。

2.3.3.1　选择学员的标准工具包括 1 张《创业培训学员登记表（主表）》（以下简称主表）、3 张《创业培训学员登记表（附表）》（以下简称附表）和 1 张《创业培训学员选择程序》。

2.3.3.2　讲师亲自或指导培训机构工作人员组织有意愿参加创业培训的学员填写主表。根据主表中“创业方向”栏目的选项，参考“创业培训学员选择程序”，按照实际情况将学员安排到不同的培训课程中，并指导学员继续填写与培训课程相对应的附表，或终止填写。讲师应汇总前面收集的信息，得出选择学员的结果。这些结果包括：

- 暂不适合参加创业培训。
- 适合参加某期 GYB/SYB/IYB 培训班。
- 适合参加某期网络创业培训班。

培训机构或讲师要保管好每位学员的《创业培训学员登记表》（主、附表），认真归档。培训课程结束后，会再次用到《创业培训学员登记表》（主、附表），培训机构要及时将学员的基本资料填写到《创业培训学员班活动报告》中。

3. 培训周期第三步：培训需求分析

3.1　什么是培训需求分析

培训需求分析是指讲师利用专业的方法和工具分析网络创业培训学员对网络创业培训

确切需求的过程。在培训班开班前，参与该班授课的讲师应根据学员填写的《创业培训学员登记表（附表）》，对该班学员的培训需求进行系统分析，以便在备课和授课时设计和实施有针对性的教学计划。同时，讲师应与培训机构进行有效沟通，使其在培训班组织和后勤保障上为学员提供相应服务，从而保证培训效果。

3.2 为什么要进行培训需求分析

培训需求分析对于实现培训目标非常重要，良好、有效的培训需求分析能够帮助培训机构或讲师：

- 找出学员的学习期望与学习差距，并有针对性地设计培训内容。
- 将学员按各自内在的培训需求分类，合理编班，保证培训效果。
- 了解学员的知识背景与性格特点，选择恰当的培训方法、培训工具及培训语言。
- 选择符合学员需求的、方便学员参加培训的时间及地点。

学员是培训的主要服务对象，是培训目标得以实现的载体，了解学员的培训需求与培训期望，对实现培训目标具有决定性意义。进行培训需求调查时，讲师要注意学员的简历情况、课程方面的“现实状态”、学员对课程的“理想状态”、学员喜欢的学习方式、学员适宜的教学方式、学员的特殊困难、学员个人发展方面的意愿、学员对培训时间的要求、课程适应的进度、学员喜欢的语言表达方式、适合学员的环境等。

培训需求分析有利于更好地提高学员的满意度，学员满意会给培训机构带来更好的口碑并提高培训服务的市场需求度，实现培训的可持续发展。

3.3 如何进行培训需求分析

3.3.1 培训需求分析的方法

- 面谈法。即讲师通过与学员进行面对面的交谈，了解学员对培训的需求。面谈法有较强的目的性与针对性，具有形象、真实、信息量大、沟通直观、反馈快、占用学员时间较短等特点。在实际操作中要充分发挥面谈法的作用，就要科学地设计问题，充分考虑问题的顺序与合理性。

- 资料分析法。即通过阅读分析本期学员的《创业培训学员登记表》（主、附表），以及往期培训班存档的创业培训监督与评估资料，获得与学员培训需求相关的信息。往期培训班学员反馈信息来自培训实践，信息比较真实、完备。但该方法信息处理量较大，对讲师的选择、提炼和分析能力要求较高。

3.3.2　培训需求分析工具

在网络创业培训中，进行培训需求分析的主要工具是《创业培训学员登记表（主表）》和《创业培训学员登记表（附表 3——网络创业登记表）》。利用这些工具，讲师可以获得潜在学员的重要信息。如果这些工具中设计的现有问题不足以满足培训需求，讲师也可以对问题进行补充，但是一定要注意补充问题的“量”与“度”，避免问题难度过大，潜在学员回答问题所需时间过长。

有条件的培训机构或讲师也可以设计“培训需求分析问卷”，设计时要注意以下四点：

一是内容。即问卷中的问题设计应与具体的培训实际相适应，尽量挖掘出学员真正的培训需求。

二是题型。题型应包括封闭式和开放式两种。封闭式问题主要为选择题，选项是讲师事先准备好的；而开放式问题则不设定固定答案，由学员根据自身实际回答。

三是题序。即问题设置的次序应该合乎逻辑，符合学员认知习惯及理解能力，应将引导性的问题放在前面。

四是题量。问题的数量不宜过多，以学员可在 5 分钟内完成答题为宜，避免学员产生厌倦与反感的情绪，影响培训需求信息收集的效果。

4. 培训周期第四步：实施培训

实施培训是培训机构及讲师筹备和组织网络创业学员培训的过程。

4.1　培训前的筹备

4.1.1　培训前主要筹备工作及核心技术要求，见表 2—1。

表 2—1　　　　培训前的主要筹备工作及核心技术要求

主要工作	核心技术要求
学员人数	25 ~ 30 人 / 班为宜，不得超过 35 人
场地及设备	● 场地面积不小于 60 平方米 ● 桌椅呈“岛形”摆放（见图 2—3），以满足建立“互助学习小组”的教学需求 ● 多媒体投影仪、幕布、黑（白）板、话筒及可连接多媒体投影仪的笔记本电脑（讲师可自带） ● 配备电脑，或由学员自带电脑。要求每个小组至少拥有 1 台电脑，人手 1 台电脑最佳 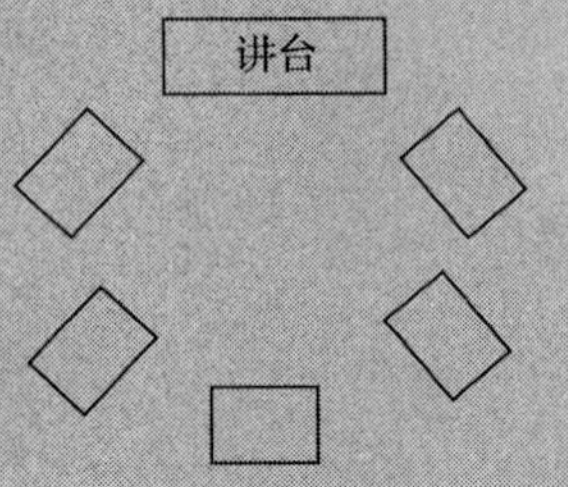 图 2—3　呈“岛形”摆放桌椅 ● 配备优质网络资源（建议不低于 100 兆带宽独享），确保流畅使用各类教学辅助平台（培训前应对设备和网络进行测试）
确定授课讲师	每班由 2 名持有网络创业培训讲师培训合格证书的讲师共同授课
准备教材教具	● 学员应人手 1 本由人力资源和社会保障部职业能力建设司、中国就业培训技术指导中心组织编写的《网络创业培训教程（电商版）》和 1 本由网络创业培训教学辅助平台提供的实操指导手册 ● 所需教具、设备参见《网络创业培训学员班教材、教具、设备清单》
课程安排	培训机构与讲师及时沟通，按照《网络创业培训（电商）学员班课程表》授课。特殊情况下，讲师可以根据培训需求分析结果，在与培训机构沟通、报请主管部门同意后，对标准课程安排进行微调，但不能改变标准课时数量，以确保完成教学内容和任务

4.1.2　培训前讲师应配合培训机构完成图 2—4 所示工作。

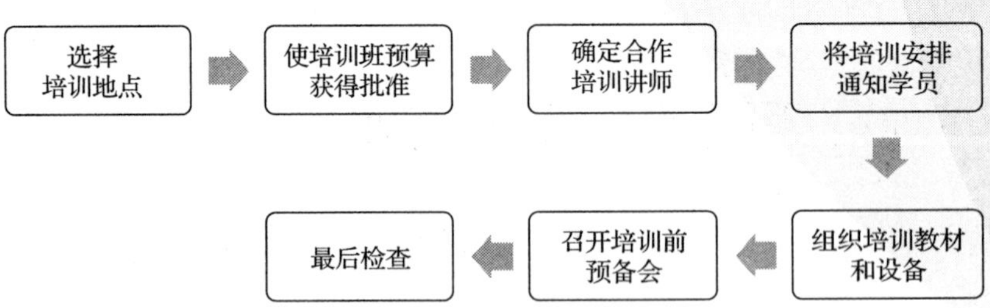

图 2—4　培训前讲师的主要工作

4.1.2.1　选择培训地点

开班前首先考虑能否为学员选择一个符合标准、实用舒适、交通便利，且负担得起相应费用的培训地点。

（1）关于培训地点的实用性，需要考虑：

1）地点。培训地点应该方便选定的学员，以确保他们在受训期间每天都能够全体出勤，并按时到达。

2）规模。培训地点需要适当的空间，使培训能够有效开展。推荐使用至少 60 平方米的房间，以容纳 30 ~ 35 名学员。

3）房间布局。不仅要考虑到桌椅搬动的方便性，还要考虑到培训设备摆放的合理性，以及学员培训过程中的舒适度。有效的培训需要高度集中注意力，为帮助实现这一点，推荐培训教室应该满足以下几点：

- 有充足的光线。
- 有良好的通风。
- 能够不受外界打扰地开展培训。

网络创业培训对场地的网络配置要求，建议独享不低于 100 兆带宽，确保学员可以流畅使用各类教学平台。若场地的网络配置不足以支撑培训学员要求，主办方需增加网络带宽，或增加无线路由器数量，降低单个无线路由器的客户访问数量。

（2）关于学员的舒适度，需要考虑：

1）学员进出这一地点是否方便。

2）培训地点的设施是否能够满足学员那些与培训无关的需求和欲望。

3）培训地点提供的住宿房间是否适合课后学习，特别是要具备网络条件。

4）假如培训班面向的是残障人员，是否有为肢残学员提供的便捷设施以方便他们接受培训。

建议尽早确定培训地点，最好能够在培训活动开始前数周确定，以便与参加培训的学员和合作讲师及时沟通有关培训地点的细节。

4.1.2.2 使培训班预算获得批准

承办网络创业培训需要有相关经费投入，对培训所需的经费应先做好预算，并提交培训机构批准。为了做出适当的培训预算，应该考虑下列项目：

- 工作人员和讲师的报酬。
- 如果额外邀请专家，该专家的报酬与补贴。
- 培训场地费用。
- 培训教材、教具及设备费用。
- 网络配置费用。

- 如果培训机构计划向学员提供食宿，还应包括学员的食宿费。
- 通信费用，如电话费、电传费、邮费等。
- 交通费用。
- 培训后续支持服务费用。
- 其他费用。

4.1.2.3　确定合作培训讲师

确保两名网络创业培训讲师在培训期间共同授课，以避免讲师因疲劳而降低工作效率，这样也能使学员对课程更感兴趣。

4.1.2.4　将培训安排通知学员

应该在培训前（提前 1 ~ 2 周）通知学员即将开始的培训班安排，以便他们可以做出自己相应的安排。

4.1.2.5　组织培训教材和设备

（1）准备培训教材。培训使用的主要教材是《网络创业培训教程（电商版）》。每名学员都应收到一本正版的《网络创业培训教程（电商版）》教材。此外，网络创业培训教学辅助平台应为每个班准备基于该平台的实操指导手册。

（2）准备培训教具和设备。参见《网络创业培训教材、教具和设备清单》。

（3）准备监督与评估工具。要确保按照标准准备好监督与评估工具中的各类表单参见本书第 22 页“6. 培训周期第六步：监督与评估”相关内容。

4.1.2.6　召开培训前预备会

培训前，培训机构要组织所有参加此次培训的讲师和培训机构跟班工作人员共同开会，讨论培训班的安排，包括分配授课内容和实际授课方式等。要确保所有参加此次培训的讲师得到以下信息：

- 此次培训的每名学员的情况。
- 此次培训的每名学员的企业想法。
- 此次培训的每名学员参与培训的目的。
- 培训地点和培训时间安排。
- 讲师之间工作任务的划分计划。
- 培训机构跟班工作人员的工作任务安排。

- 教学辅助平台技术细节。

4.1.2.7　最后检查

确保在培训前再次提醒学员培训日期及相关要求，并确认他们能否参加。确保在培训开始前再次检查各项安排，包括：

- 与培训讲师进行沟通。
- 确保培训教材、教具和设备到位，检查并测试网络配置。
- 检查在培训地点的全部安排。
- 检查交通安排。
- 确保资金及时到位。

4.2　培训中的管理

4.2.1　培训管理工作核心要求如下。

（1）课时要求[①]：56 学时。

（2）考勤要求：学员参加网络创业培训，需严格遵守课堂纪律，不旷课、不迟到、不早退。对无故旷课或请假超过 2 次[②]的学员应取消其参加考试的机会。

（3）监督评估要求：讲师在培训期间需采用全套标准监督评估工具表单。

（4）考试要求：

1）理论考试[③]。

2）提交店铺规划书[④]。

3）提交实践成果[⑤]。

---

① 实施培训时，应严格执行《网络创业培训（电商）学员班课程表》。如果连续授课，建议在 7 日内完成教学任务。

② 学员每次请假时间不能超过 4 课时。

③ 理论考试时间为 90 分钟，满分 100 分，60 分（含）以上为合格。培训机构或讲师可组织学员登录网络创业培训教学辅助平台培训管理系统进行考试。

④ 各地创业培训主管部门应从本地讲师库中指定非本班授课讲师对学员提交的店铺规划书进行评审，有条件的地区可组织异地讲师进行评审。店铺规划书满分 100 分，60 分（含）以上为合格。

⑤ 学员在培训结束前需提交或登录网络创业培训教学辅助平台培训管理系统录入实践成果信息，其中模拟商城店铺信息必须提交，真实店铺信息由学员在 PC 端店铺或移动端店铺中任选其一提交。同时在培训管理系统抽取非授课讲师，根据《网络创业培训（电商）实践成果评分表》对实践成果进行评定。实践成果满分 100 分，60 分（含）以上为合格。对只提交模拟商铺信息，没有提交真实店铺信息的学员不予通过。

三项考核均成绩合格者可获得网络创业培训合格证书。

4.2.2　培训中讲师应配合培训机构完成以下工作：

- 教材的征订、发放统计，以及教具的制作和配置等工作。
- 教学辅助平台学员账号分配、发放、登记、指导录入等工作。
- 讲师档案管理、讲师课程安排、课酬发放等工作。
- 培训班课程表、班级花名册、通信录等的归档工作。
- 培训班中的后勤安排、准备和服务等工作。
- 培训班各种监督评估工具的使用、回收、整理和存档等工作。

4.3　互助学习小组教学法①

4.3.1　什么是互助学习小组教学法

互助学习小组教学法就是将学员按一定规律分组，以学习小组为单位，以学员自主学习和合作探究为主要学习方式，以目标任务为驱动，达成合作参与、共同研修、同步提高目的的一种教学方法。

4.3.2　教学步骤

（1）培训前：组织机构根据《创业培训学员登记表（附表 3——网络创业登记表）》信息，将申请学员按照互联网知识能力水平或网络创业经验进行分组，建立互助学习小组。组织机构可先通过互联网社交平台帮助小组成员建立联系。

（2）培训中：以小组为单位，协作完成理论知识学习、讨论，以及教学辅助平台和真实电商平台的相关实践任务。互助学习小组将学员个体间的学习竞争关系变成“组内合作”“组间竞争”的关系，将培训中讲师与学员之间单向或双向交流变为讲师与学员、学员与学员之间的多向交流。

（3）培训后：互助学习小组将继续发挥作用，实现信息共享、问题解决及后续协助帮扶。

4.3.3　提示

（1）分组时每个小组尽量安排 1 ～ 2 名互联网知识能力水平较突出的学员，以确保充

① 互助学习小组教学法同样适用于网络创业培训（电商）讲师培训，特别是在翻转课堂完成网络创业培训（电商）实践任务时发挥重要作用。

分实现互助学习小组的引导作用和协助作用。

（2）互助学习小组教学法应贯穿培训始终。

4.3.4　利弊分析

互助学习小组教学法的利弊分析见表2—2。

表2—2　互助学习小组教学法的利弊分析

利	弊
培养了讲师、学员间平等交流与互动的新型关系，讲师扮演顾问和指导员的角色，以教师为主导、以学员为主体	小组学习时，学员参与度可能不均衡，因而能力强的学员参与机会明显较多，而能力较弱的学员则显得消极被动，体验感较差
通过设计各种合作学习任务，学员在交流中不仅掌握了知识，而且增强了合作意识	如果小组发言人固定，可能忽视个体独立思考，易出现某些小组成员“搭车”现象
将学员由学习的被动接受者变为主动参与者，培养了学员的自学能力和组织能力	如果预留小组活动时间有限，那么合作学习可能变成形式，学员合作不充分
小组学习可引导学员通过各种渠道获取信息，并将学员课内学习延伸到课外，拓宽了学员学习的空间	对讲师的授课节奏把控能力和课堂组织能力要求较高

4.4　网络创业培训教学辅助平台要求

为达到理想的培训效果，并保证学员在规定学时内高效完成培训及创业实践任务，网络创业培训（电商）课程需要有教学辅助平台提供技术支持。各地可以根据《网络创业培训教学辅助平台技术服务标准》，选择引进或自主开发教学辅助平台，包括但不限于模拟商城、供销服务、在线学习平台和培训管理系统四个功能模块（见表2—3），四个功能模块间实现用户账号互通。

表2—3　网络创业培训教学辅助平台功能概述

平台名称	功能概述
模拟商城	模拟商城为学员营造了一个逼真的店铺创办和经营管理的实操环境。学员通过练习，熟悉电商流程，积累实操经验，避免因不熟悉真实电商平台规则而出现的各种处罚等风险。模拟商城需具备目前主流电商平台的核心功能，包括但不限于店铺注册、商品管理、交易管理、店铺管理、促销管理、客服管理等在线模拟功能
供销服务	供销服务是利用互联网技术及信息集成技术，将供应链管理、客户关系管理等功能全面集成优化，实现商品端的产品一键上传、订单抓取、库存同步及发货、退换货等功能，为暂时没有货源渠道的学员第一时间对接货源，解决学员创业初期组织货源困难及资金风险等问题。供销系统需实现与多个真实第三方平台数据互通的管理功能

续表

平台名称	功能概述
在线学习	在线学习是满足讲师和学员对于网络创业提升培训的需求，充分整合优势教学资源，以慕课理念制作网络创业培训系列精品课程，满足翻转课堂的教学需求，帮助学员打破时间和空间的界限，随时随地补给学习资源，全面提升讲师和学员能力
培训管理	培训管理是实现学员班级管理功能，在线完成学员信息录入（或导入）、开班申请、监督评估、在线考试、在线评分、材料报送、信息统计、质量管理、后续跟踪服务等工作，从而确保满足网络创业培训过程和数据维护实现信息化管理的要求，并与中国就业培训技术指导中心创业培训工作管理系统实现互联互通、数据共享

4.5　培训后的管理

4.5.1　发放网络创业培训合格证书

网络创业培训考试成绩合格的学员将获得由当地创业培训主管部门颁发的网络创业培训合格证书。网络创业培训讲师应向培训机构提供学员成绩单，包括理论成绩、店铺规划书及实践成果成绩。

4.5.2　报送结班材料

在每期培训班结束后，培训机构和授课讲师应及时做好资料登记、整理等工作，向当地创业培训主管部门报送该次培训班相关信息及材料，做好台账管理工作。当地创业培训主管部门应登录网络创业培训教学辅助平台培训管理系统，向上级创业培训主管部门在线提交结班材料。

5. 培训周期第五步：后续服务

后续服务是指培训结束后，为延伸培训效果，获得持续稳定的学员满意度而开展的各项后续跟踪与指导服务。为了将后续服务落到实处，不断提升实施培训和后续服务质量，可以从以下三方面开展创业培训后续服务工作。

5.1　对学员创业后进行后续跟踪

培训机构和讲师应通过电话回访、在线调查、实地考察等方式跟踪学员创业情况，上报当地创业培训主管部门。做好创业情况跟踪统计工作，有助于培训机构及主管部门及时掌握学员的实际创业情况，发现、总结、解决实际创业过程中存在的问题，评估创业培训实施效果及后续服务成效。

5.1.1　创业情况跟踪

通过电话回访、在线调查、实地考察等方式跟踪学员创业情况，填写《网络创业培训学员班后续支持服务活动报告》。培训机构可以通过网络创业培训教学辅助平台在线开展学员创业调查、统计等工作，填写《网络创业培训学员创业情况跟踪调查表》，并在培训实施后半年和一年填写《网络创业培训学员创业情况统计表》。

5.1.2　创业成果认定

创业培训合格的学员应提供相关证明材料，证明自己创业成功。培训机构可根据学员提交的实践成果，通过网络创业培训教学辅助平台培训管理系统，定期对学员注册的网店进行创业成果追踪，并通过扶持服务帮助其达到当地网络创业成功认定标准，使其能够享受扶持政策。网络创业成功认定标准由当地创业培训主管部门制定。

5.2　满足学员继续提升培训需求

5.2.1　学习指导

培训机构可以不定期地组织线下创业沙龙等活动，邀请工商税务专员、成功创业者、企业家、专家学者对学员进行面对面的咨询指导；推荐学员参加适宜的其他创业培训课程。培训机构可以指导学员在培训结束后通过线上、线下两种渠道进行继续学习，也可以不定期组织形式多样的咨询指导交流活动和专业课程培训；学员可借助教学辅助平台根据自身需求自学网络创业及互联网技能等提升类课程。

5.2.2　信息交流

培训机构应组织培训班学员、讲师通过互联网社交平台或网络创业培训教学辅助平台（有此功能），实现学员与讲师、学员与学员之间的实时交流互动，营造互帮互助的良好学习氛围。

5.3　提供创业后各类扶持服务①

5.3.1　对接各类创业服务

培训机构和讲师可根据学员的实际情况和需求，帮助其对接当地孵化场所、投（融）

① 这部分后续服务内容仅供参考，更多依靠当地创业政策和创业活动支持。部分内容针对有相应服务功能的教学辅助平台，不作强制要求。

资机构，以及咨询指导机构等专业创业扶持服务机构。

5.3.2　活动组织

各地创业培训主管部门可以通过组织创业沙龙、创业论坛、创业创新大赛、创业项目展示会、创业大讲堂等活动，帮助学员对接各类创业服务资源。有条件的培训机构可以指导学员通过网络创业培训教学辅助平台，远程参与创业论坛、创业沙龙等交流活动。

5.3.3　其他服务

在培训结束后，根据创业实际需求，培训机构可以指导学员继续对接使用网络创业培训教学辅助平台供销系统的货源服务和物流服务。

6. 培训周期第六步：监督与评估

监督与评估是指为了分析和评估创业培训活动取得的进展情况和培训效果，利用监督评估工具进行的所有收集信息、分析信息的过程。监督与评估包括对网络创业培训活动的日常全过程监督以及对阶段性效果的评估。

网络创业培训（电商）监督与评估工具表单[①]见表 2—4。

表 2—4　　网络创业培训（电商）监督与评估工具表单

工具名称	作用	填写人	使用者	使用时间
1. 创业培训学员登记表（主表） 2. 创业培训学员登记表（附表1——企业想法登记表） 3. 创业培训学员登记表（附表2——现有企业登记表） 4. 创业培训学员登记表（附表3——网络创业登记表）	● 选择学员 ● 培训需求分析 ● 收集学员个人和企业信息	● 讲师 ● 讲师指导学员填写	讲师 培训机构	培训开始前
5. 创业培训学员选择程序	选择学员		讲师	学员筛选和需求分析
6. 网络创业培训学员班教材、教具、设备清单	做好培训前筹备工作		培训机构	培训开始前

① 监督评估工具表单将根据创业培训技术发展而不断完善，请及时登录中国创业培训网站（www.siyb.osta.org.cn）“下载区”下载最新版本。

续表

工具名称	作用	填写人	使用者	使用时间
7. 网络创业培训（电商）学员班课程表	提供标准课程安排		讲师 培训机构	培训全程
8. 每日意见反馈表	评估学员对当天培训的满意度	学员	讲师 培训机构	每天培训结束
9. 网络创业培训（电商）学员班结束评估表	评估学员对整个培训课程的满意度	学员	讲师 培训机构	培训结束时
10. 网络创业培训（电商）实践成果信息登记表	检验、考核学员完成实践任务情况	学员	讲师 培训机构	培训结束时
11. 网络创业培训（电商）实践成果评分表	实践成果评分	讲师	讲师 培训机构	培训结束后
12. 网络创业（电商）店铺规划书	制订网店可行性计划	讲师指导学员填写	学员 讲师	培训结束后
13. 创业培训学员班活动报告	总结培训活动，收集学员收获及其企业经营信息	讲师 培训机构	讲师 培训机构	培训结束后
14. 网络创业培训学员后续支持服务需求调查表	了解学员后续支持服务需求	讲师	讲师 培训机构	培训结束后
15. 网络创业培训学员班后续支持服务活动报告	了解、分析学员后续支持服务情况	讲师	讲师 培训机构	培训结束后
16. 网络创业培训学员创业情况跟踪调查表 17. 网络创业培训学员创业情况统计表	了解学员培训后创业情况及企业经营情况	培训机构	培训机构 主管部门	按一定周期（如每半年、每年等）

第三部分　网络创业培训（电商）学员班教学计划

网络创业培训（电商）学员班课程表

日期	时间	教学单元	教学内容
第一天	09:00—12:00	开班	开班式
			第 1 课　中国创业培训项目发展历程及网络创业培训项目介绍
			第 2 课　建立互助学习小组
	14:00—17:00	理论教学	第 3 课　了解网络创业形势
		实操任务	第 4 课　店铺注册： 平台规则介绍 模拟商城店铺注册 第三方电商平台店铺注册（移动端注册）
第二天	09:00—12:00	理论教学	第 5 课　认识电商创业机会（上）： 农村电商、跨境电商
	14:00—17:00	理论教学	第 6 课　认识电商创业机会（下）： O2O 电商、移动电商 常见电商创业风险
		课后任务	基于电商创业机会思考电商创业项目

续表

日期	时间	教学单元	教学内容
第三天	09:00—12:00	理论教学	第 7 课　电商创业者的自我评价
			第 8 课　项目选择
			第 9 课　市场分析
	14:00—17:00	理论教学	第 10 课　开办准备： 选择电商平台、寻找货源、组建团队
		课后任务	基于自身情况确定电商创业项目
第四天	09:00—12:00	理论教学	第 11 课　运营管理——运营原理、货源绑定、上架
		模拟训练	运营管理——货源绑定上架
	14:00—17:00	模拟训练	第 12 课　运营管理——商品展示
第五天	09:00—12:00	模拟训练	第 13 课　运营管理——店铺装修
	14:00—17:00	实操任务	第 14 课　在第三方平台完成商品展示和店铺装修
第六天	09:00—12:00	模拟训练	第 15 课　运营管理——店铺管理
	14:00—17:00	理论教学	第 16 课　运营管理——店铺推广
		课后任务	基于自身项目确定推广方案
第七天	09:00—12:00	理论教学	第 17 课　运营管理——财务计划
			第 18 课　运营优化
	14:00—17:00	实操任务	第三方店铺成果展示与评价指导
		结业	制订行动计划 结业考核 结班仪式

注：教学计划中“讲师手册”指本书，“教材”指《网络创业培训教程（电商版）》，“实操指导手册”指基于教学辅助平台的实操指导手册。

第 1 课　中国创业培训项目发展历程及网络创业项目介绍

教学目标： 这堂课结束时，学员能够：

- 感知中国创业培训项目发展历程。
- 了解网络创业项目概况。
- 掌握网络创业培训（电商）八步框架内容。

视觉教具： 多媒体投影仪、黑（白）板、彩色卡纸、活页挂纸。

授课时间： 90 分钟。

	第一天	第二天	第三天	第四天	第五天	第六天	第七天
第 1 节课							
休息							
第 2 节课							
午休							
第 3 节课							
休息							
第 4 节课							

时间	内容概述	授课方法和教学内容	视觉教具	相关资料
30 分钟		开班式		
5 分钟	教学目标综述	讲授法 1. 讲师自我介绍 2. 阐述本课学习目标和主要内容	多媒体投影仪	
20 分钟	网络创业培训项目概况	视频 / 讲授法 / 提问 1. 马兰花中国创业培训项目介绍 2. 网络创业培训项目背景 3. 网络创业培训项目目标、项目对象及项目价值 4. 电商课程设计及培训特色	多媒体投影仪 彩色卡纸	
30 分钟	电商八步解析	讲授法 1. 网络创业培训（电商）八步内容及其内在关联 2. 电商课程安排	黑（白）板 活页挂纸 彩色卡纸	课程表
5 分钟	总结	思维导图 总结本课要点，回顾教学目的	黑（白）板	

第 2 课　建立互助学习小组

教学目标： 这堂课结束时，学员能够：

- 完成“破冰”并建立互助学习小组。
- 了解学习形式及考核要求。

视觉教具： 多媒体投影仪、活页挂纸、黑（白）板、彩色卡纸。

授课时间： 80 分钟。

	第一天	第二天	第三天	第四天	第五天	第六天	第七天
第 1 节课							
休息							
第 2 节课	■						
午休							
第 3 节课							
休息							
第 4 节课							

时间	内容概述	授课方法和教学内容	视觉教具	相关资料
5 分钟	教学目标综述	讲授法 阐述本课学习目标和主要内容	多媒体投影仪	
40 分钟	破冰分组	讲授法、互动 1. 建立互助学习小组（注意把握分组维度，并确保每组都安排 1 ~ 2 名熟悉电商的学员） 2. 以小组为单位进行团建文化展示 3. 班级文化建设及班规说明	多媒体投影仪 黑（白）板 活页挂纸 彩色卡纸	创业培训学员登记表（附表 3——网络创业登记表）
5 分钟	培训班目标介绍	讲授法 从有助于学员意识的改变、能力的提升和结果的实现这 3 个层面作说明，以激发学员的学习兴趣和欲望	多媒体投影仪	课程表
5 分钟	培训班安排说明	讲授法 讲师通过让学员看课程表的形式，来说明学员班期间整体的课程架构和安排	多媒体投影仪	
15 分钟	学习形式说明	讲授法 1. 互助学习小组介绍（说明互助学习小组在教学中的运用，让学员理解并配合教学中的互助学习小组活动安排） 2. 教学辅助平台介绍（平台路径及不同功能模块在教学中的应用）	多媒体投影仪	讲师手册 P18 ~ 20
5 分钟	考核要求说明	讲授法 从考勤要求、理论考试、店铺规划书和实践成果提交 4 个层面说明对培训讲师的考核要求	多媒体投影仪	讲师手册 P17 ~ 18
5 分钟	总结	讲授法 1. 总结本课要点，回顾教学目标 2. 询问学员是否有疑问，并给予反馈	多媒体投影仪	

第 3 课　了解网络创业形势

教学目标：这堂课结束时，学员能够：

- 了解什么是网络创业和电商创业。
- 了解网络经济的形势。
- 了解电商创业的现状及发展趋势。

视觉教具：多媒体投影仪。

授课时间：80 分钟。

	第一天	第二天	第三天	第四天	第五天	第六天	第七天
第 1 节课							
休息							
第 2 节课							
午休							
第 3 节课	■						
休息							
第 4 节课							

时间	内容概述	授课方法和教学内容	视觉教具	相关资料
5 分钟	教学目标综述	讲授法 阐述本课学习目标和主要内容	多媒体投影仪	
10 分钟	网络创业概念	讲授法、互动 1. 什么是网络创业 2. 什么是电商创业	多媒体投影仪	教材 P1 ~ 2
60 分钟	网络创业形势	讲授法 / 案例法 / 头脑风暴法 1. 用讲授法和案例分析法介绍网络经济的形势 2. 可通过播放视频短片等方式介绍网络创业形势 3. 请学员用头脑风暴法找出近两年自己生活和工作中因网络技术发展而发生的改变，进而分析新时代网络创业面临的现状和机遇 4. 讲授电商创业的现状及发展趋势	多媒体投影仪 视频短片	教材 P2 ~ 9
5 分钟	总结	讲授法 总结本课要点，回顾教学目标	多媒体投影仪	

第 4 课　店铺注册

教学目标： 这堂课结束时，学员能够：

- 掌握模拟商城上货流程。
- 了解电商平台基本规则。
- 掌握第三方电商平台注册流程。

视觉教具： 多媒体投影仪、黑（白）板、彩色卡纸。

授课时间： 80 分钟。

	第一天	第二天	第三天	第四天	第五天	第六天	第七天
第 1 节课							
休息							
第 2 节课							
午休							
第 3 节课							
休息							
第 4 节课	■						

时间	内容概述	授课方法和教学内容	视觉教具	相关资料
5 分钟	教学目标综述	讲授法 1. 学员意见反馈 2. 前课内容回顾 3. 阐述本课的学习目标和主要内容	多媒体投影仪	每日意见反馈表
15 分钟	介绍店铺规则	头脑风暴法 / 讲授法 1. 请学员用头脑风暴法列出电商创业者需注意的电商平台规则 2. 介绍第三方电商平台重要规则	多媒体投影仪 彩色卡纸	教材 P62 ~ 67
30 分钟	模拟商城注册与上货	讲授法 / 演示法 / 练习法 1. 模拟商城注册及上货流程介绍 2. 演示模拟商城注册及上货 3. 指导学员操作完成模拟商城注册及上货	黑（白）板 多媒体投影仪	实操指导手册
25 分钟	第三方电商平台店铺注册	讲授法 / 演示法 / 练习法 1. 第三方电商平台店铺注册基本流程介绍 2. 演示第三方电商平台店铺注册 3. 指导学员操作完成第三方电商平台店铺（或移动端店铺）注册	多媒体投影仪	实操指导手册
5 分钟	总结	讲授法 1. 总结本课要点，回顾教学目的 2. 询问学员是否有疑问，并给予反馈	多媒体投影仪	

第 5 课　认识电商创业机会（上）

教学目标： 这堂课结束时，学员能够：

- 了解电商创业机会。
- 理解农村电商发展现状、趋势及创业机会。
- 理解跨境电商发展现状、趋势及创业机会。

视觉教具： 多媒体投影仪、黑（白）板、彩色卡纸、活页挂纸。

授课时间： 160 分钟。

	第一天	第二天	第三天	第四天	第五天	第六天	第七天
第 1 节课							
休息							
第 2 节课							
午休							
第 3 节课							
休息							
第 4 节课							

时间	内容概述	授课方法和教学内容	视觉教具	相关资料
10 分钟	教学目标综述	讲授法 1. 学员意见反馈 2. 回顾前课内容 3. 阐述本课学习目标和主要内容	多媒体投影仪	每日意见反馈表
10 分钟	电商创业机会	讲授法 举例讲解电商创业机会	多媒体投影仪	
70 分钟	农村电商	讲授法 / 案例法 / 头脑风暴法 1. 讲授农村电商的概念、特点和现状 2. 案例解析农村电商的典型模式 3. 请学员用头脑风暴法列举农村电商的创业机会 4. 总结讲授农村电商的创业机会	黑（白）板 彩色卡纸 多媒体投影仪	教材 P11 ~ 17
65 分钟	跨境电商	头脑风暴法 / 小组讨论法 / 讲授法 1. 分组讨论跨境电商的概念、特点和现状，跨境电商平台、分类及其与不同创业者的匹配 2. 请学员用头脑风暴法列举跨境电商的创业机会 3. 总结讲授跨境电商的创业机会	黑（白）板 活页挂纸 彩色卡纸 多媒体投影仪	教材 P17 ~ 20
5 分钟	总结	讲授法 回顾本课主要内容	多媒体投影仪	

第 6 课　认识电商创业机会（下）

教学目标： 这堂课结束时，学员能够：

- 理解移动电商发展现状、趋势及创业机会。
- 理解 O2O 电商发展现状、趋势及创业机会。
- 了解电商创业风险。

视觉教具： 多媒体投影仪、黑（白）板、彩色卡纸。

授课时间： 160 分钟。

	第一天	第二天	第三天	第四天	第五天	第六天	第七天
第 1 节课							
休息							
第 2 节课							
午休							
第 3 节课							
休息							
第 4 节课							

时间	内容概述	授课方法和教学内容	视觉教具	相关资料
5 分钟	教学目标综述	讲授法 1. 学员意见反馈 2. 回顾前课内容 3. 阐述本课学习目标和主要内容	多媒体投影仪	每日意见反馈表
70 分钟	移动电商	讲授法 / 案例法 / 头脑风暴法 1. 讲授移动电商概念、特点和现状 2. 请学员用头脑风暴法列举移动电商的创业机会 3. 总结讲授移动电商的创业机会	黑（白）板 彩色卡纸 多媒体投影仪	教材 P20 ~ 24
70 分钟	O2O 电商	讲授法 / 案例法 / 头脑风暴法 1. 讲授 O2O 电商概念、特点和现状 2. 请学员用头脑风暴法列举 O2O 电商的创业机会 3. 总结讲授 O2O 电商的创业机会	黑（白）板 彩色卡纸 多媒体投影仪	教材 P24 ~ 28
10 分钟	电商创业风险	讲授法 / 案例法 1. 了解电商创业风险 2. 防范电商创业风险	多媒体投影仪	
5 分钟	总结及实操任务布置	讲授法 1. 回顾本课主要内容 2. 实操任务布置：基于电商创业机会思考适合自己的电商创业项目	多媒体投影仪	

第 7 课　电商创业者的自我评价

教学目标：这堂课结束时，学员能够：

- 了解电商创业面临的挑战。
- 从电商创业者的创业素质、知识技能、资源条件三个方面评价自己。
- 了解增强创业能力的途径和方法。

视觉教具：多媒体投影仪、黑（白）板、活页挂纸、彩色卡纸。

授课时间：50 分钟。

	第一天	第二天	第三天	第四天	第五天	第六天	第七天
第 1 节课							
休息							
第 2 节课							
午休							
第 3 节课							
休息							
第 4 节课							

时间	内容概述	授课方法和教学内容	视觉教具	相关资料
10 分钟	教学目标综述	讲授法 1. 学员意见反馈 2. 回顾前课内容 3. 阐述本课学习目标和主要内容	活页挂纸 多媒体投影仪	每日意见反馈表
10 分钟	电商创业面临的挑战	开放式讨论法 / 练习法 1. 请学员讨论导致电商创业失败的原因 2. 收集学员讨论结果并由学员进行分类 3. 讲师针对讨论结果进行归纳总结	黑（白）板 彩色卡纸	教材 P29 ~ 31
10 分钟	从电商创业者角度评价自己	讲授法 / 讨论法 1. 从创业素质、知识技能和资源条件三个方面收集电商创业者需具备哪些要素 2. 小组讨论现阶段需要具备的最基本的创业素质、知识技能和资源条件有哪些，并讨论为什么（在上面收集要素的基础上完成） 3. 讲授自我评价的方式，并分小组练习	活页挂纸 多媒体投影仪	教材 P31 ~ 35
15 分钟	增强你的创业能力	讲授法 / 讨论法 小组讨论如何提升电商创业能力	多媒体投影仪	教材 P35 ~ 38
5 分钟	总结	讲授法 回顾本课主要内容	多媒体投影仪	

第 8 课　项目选择

教学目标： 这堂课结束时，学员能够：

- 理解寻找电商创业项目的原则。
- 掌握寻找电商创业项目的方法。
- 运用电商创业项目的选择方法及工具确定适合自己的电商创业项目。

视觉教具： 多媒体投影仪、彩色卡纸。

授课时间： 55 分钟。

	第一天	第二天	第三天	第四天	第五天	第六天	第七天
第 1 节课							
休息							
第 2 节课							
午休							
第 3 节课							
休息							
第 4 节课							

时间	内容概述	授课方法和内容解释	视觉教具	相关资料
5 分钟	教学目标综述	讲授法 1. 学员意见反馈 2. 回顾前课内容 3. 阐述本课学习目标及主要内容	多媒体投影仪	每日意见反馈表
5 分钟	寻找电商创业项目的途径	讲授法 / 头脑风暴法 1. 从自身资源出发 2. 从客户需求出发	多媒体投影仪	教材 P39 ~ 41
40 分钟	寻找电商创业项目的方法	讲授法 / 练习法 / 头脑风暴法 / 小组讨论法 1. 指导学员填写“创业者自身资源分析表” 2. 讲授填写“环境调查结果分析表”的要求 3. 分组针对某一商品进行改进和创新讨论 4. 指导学员完成“项目选择分析表”	多媒体投影仪	教材 P41 ~ 46
	选择电商创业项目	讲授法 / 练习法 / 头脑风暴法 1. 讲授数据的分类以及数据分析的维度和方法 2. 以小组为单位，结合数据分析结果对项目进行 SWOT 分析练习 3. 指导学员完成电商创业项目的选择	多媒体投影仪 彩色卡片	教材 P46 ~ 52
5 分钟	总 结	讲授法 回顾本课主要内容	多媒体投影仪	

第 9 课　市场分析

教学目标：这堂课结束时，学员能够：

- 了解目标客户和竞争对手的概念。
- 理解市场细分的内容及方法。
- 掌握通过选择目标客户和分析竞争对手制定项目的商品定位。

视觉教具：多媒体投影仪、黑（白）板、活页挂纸。

授课时间：55 分钟。

	第一天	第二天	第三天	第四天	第五天	第六天	第七天
第 1 节课							
休息							
第 2 节课							
午休							
第 3 节课							
休息							
第 4 节课							

时间	内容概述	授课方法和内容解释	视觉教具	相关资料
5 分钟	教学目标综述	讲授法 1. 学员意见反馈 2. 回顾前课内容 3. 阐述本课学习目标及主要内容	多媒体投影仪	每日意见反馈表
20 分钟	客户分析	讲授法 / 头脑风暴法 / 小组讨论法 / 练习法 1. 讲授客户概念 2. 对客户的细分维度进行头脑风暴 3. 总结讲授定位目标客户的维度 4. 指导学员完成确定目标客户的练习	多媒体投影仪 活页挂纸	教材 P53 ~ 58
10 分钟	竞争对手分析	讲授法 / 头脑风暴法 / 小组讨论 / 练习法 1. 讲授竞争对手概念 2. 对竞争对手的分析维度进行头脑风暴 3. 指导学员完成竞争对手分析	多媒体投影仪 活页挂纸	教材 P58 ~ 60
15 分钟	商品定位	讲授法 / 练习法 1. 商品定位的维度 2. 指导学员完成商品定位练习	多媒体投影仪 活页挂纸	教材 P60 ~ 61
5 分钟	总结	讲授法 回顾本课主要内容	多媒体投影仪	

第 10 课　开办准备

教学目标： 这堂课结束时，学员能够：

- 掌握电商平台的定义及选择电商平台的重要性。
- 了解货源渠道及掌握评价货源的维度。
- 了解电商团队成员的组成和基本架构。
- 熟练掌握电商团队不同岗位的职责。
- 了解电商团队成员招聘与管理。

视觉教具： 多媒体投影仪、活页挂纸、黑（白）板。

授课时间： 160 分钟。

	第一天	第二天	第三天	第四天	第五天	第六天	第七天
第 1 节课							
休息							
第 2 节课							
午休							
第 3 节课			■				
休息							
第 4 节课			■				

时间	内容概述	授课方法和教学内容	视觉教具	相关资料
5 分钟	教学目标综述	讲授法 1. 学员意见反馈 2. 回顾前课内容 3. 阐述本课学习目标和主要内容	多媒体投影仪	每日意见反馈表
20 分钟	选择电商平台	讲授法 / 讨论法 1. 电商平台的含义 2. 电商平台的重要性 3. 选择电商平台要考虑的因素	黑（白）板 活页挂纸 多媒体投影仪	教材 P62 ~ 67
50 分钟	寻找货源	讲授法 / 讨论法 / 举例法 1. 寻找货源的重要性 2. 寻找货源的途径 3. 评价货源的维度	多媒体投影仪 活页挂纸 黑（白）板	教材 P67 ~ 70
75 分钟	组建团队	讲授法 / 提问法 / 讨论法 1. 提问电商创业人员安排并讲授电商创业团队的架构类型 2. 提问并讲授电商创业团队的岗位职责，重点说明运营推广、美工设计、客户服务、采购及仓储物流等岗位 3. 提问并讲授电商创业招聘及管理知识，强调重视岗前培训及员工管理 5 要素	多媒体投影仪 活页挂纸 黑（白）板	教材 P70 ~ 76
10 分钟	总结及实操任务布置	讲授法 1. 回顾本课主要内容 2. 实操任务布置：基于自身情况确定自己的电商创业项目	多媒体投影仪	

第 11 课　运营管理——运营原理、货源绑定、上架

教学目标： 这堂课结束时，学员能够：

- 理解电商运营的基本原理。
- 掌握访客数、转化率、客单价等基本概念。
- 掌握供销系统的绑定、上货及下单流程。

视觉教具： 多媒体投影仪、黑（白）板、彩色卡纸、活页挂纸。

授课时间： 160 分钟。

	第一天	第二天	第三天	第四天	第五天	第六天	第七天
第 1 节课							
休息							
第 2 节课							
午休							
第 3 节课							
休息							
第 4 节课							

时间	内容概述	授课方法和内容解释	视觉教具	相关资料
10 分钟	教学目标综述	讲授法 1. 学员意见反馈 2. 回顾前课内容 3. 阐述本课学习目标和主要内容	活页挂纸 多媒体投影仪	每日意见反馈表
5 分钟	电商运营概念	讲授法 / 提问法 什么是电商运营管理	多媒体投影仪	
25 分钟	电商运营原理	案例法 / 讲授法 1. 讲授电商运营基本公式： 利润 = 访客数 × 转化率 × 客单价 – 总成本 2. 举例讲授电商运营三大基础性指标，即访客数、转化率和客单价 3. 电商运营基本原则：提高流量、控制成本	多媒体投影仪 彩色卡纸	教材 P77 ~ 80
40 分钟	供销系统介绍及演示	讲授法 / 案例法 / 练习法 1. 讲授供销系统的作用并介绍平台 2. 演示供销系统绑定设置并指导学员练习	多媒体投影仪	实操指导手册
75 分钟	供销系统绑定操作	讲授法 / 案例法 / 练习法 1. 讲授并演示第三方平台店铺商品上传，指导学员练习 2. 讲授并演示制作运费模板，指导学员练习 3. 讲授并演示库存更新，指导学员练习 4. 讲授并演示收付款账号设置，指导学员练习 5. 讲授并演示同步订单流程，指导学员练习	多媒体投影仪	实操指导手册
5 分钟	总结	讲授法 1. 回顾本课主要内容 2. 询问学员是否有疑问，并给予反馈	多媒体投影仪	

第 12 课　运营管理——商品展示

教学目标：这堂课结束时，学员能够：

- 理解商品标题、主图、描述和定价的重要性。
- 掌握商品标题、主图、描述的制作方法。
- 了解商品定价的基本方法。

视觉教具：多媒体投影仪、黑（白）板、彩色卡纸。

授课时间：160 分钟。

	第一天	第二天	第三天	第四天	第五天	第六天	第七天
第 1 节课							
休息							
第 2 节课							
午休							
第 3 节课				■			
休息							
第 4 节课				■			

时间	内容概述	授课方法和内容解释	视觉教具	相关资料
5 分钟	教学目标综述	讲授法 1. 学员意见反馈 2. 回顾前课内容 3. 阐述本课学习目标和主要内容	多媒体投影仪	每日意见反馈表
50 分钟	商品标题	讲授法 / 案例法 / 头脑风暴法 / 练习法 1. 讲授并对商品标题的重要性进行头脑风暴 2. 讲授并案例分析商品标题的构成 3. 讲授如何确定商品标题 4. 讲授确定商品标题的注意事项 5. 学员练习确定商品标题	多媒体投影仪 黑（白）板 彩色卡纸	教材 P82 ~ 84
20 分钟	商品主图	讲授法 / 案例法 / 练习法 1. 讲授商品主图的重要性 2. 结合平台案例分析商品主图的设计和制作要点 3. 学员练习商品主图设计	多媒体投影仪 黑（白）板 彩色卡纸	教材 P84 ~ 85
60 分钟	商品描述	讲授法 / 案例法 / 练习法 1. 讲授商品描述的重要性 2. 讲授并案例分析商品描述的内容等 3. 讲授制作商品描述的原则和方法 4. 小组练习并指导学员完成商品描述设计	多媒体投影仪 黑（白）板 彩色卡纸	教材 P85 ~ 89
20 分钟	商品定价	讲授法 / 案例法 / 练习法 1. 讲授商品定价的重要性 2. 讲授影响商品定价的因素 3. 结合案例分析商品定价的几种方法	多媒体投影仪	教材 P89 ~ 92
5 分钟	总结	讲授法 1. 回顾本课主要内容 2. 询问学员是否有疑问，并给予反馈	多媒体投影仪	

第 13 课　运营管理——店铺装修

教学目标：这堂课结束时，学员能够：

- 了解店铺装修概念。
- 理解店铺装修思路和重要性。
- 掌握装修素材制作工具的基本操作和装修素材的制作流程。
- 掌握模拟商城店铺装修基本操作流程。

视觉教具：多媒体投影仪。

授课时间：160 分钟。

	第一天	第二天	第三天	第四天	第五天	第六天	第七天
第 1 节课							
休息							
第 2 节课							
午休							
第 3 节课							
休息							
第 4 节课							

时间	内容概述	授课方法和教学内容	视觉教具	相关资料
10 分钟	教学目标综述	<u>讲授法</u> 1. 学员意见反馈 2. 回顾前课内容 3. 阐述本课学习目标和主要内容	多媒体投影仪	每日意见反馈表
40 分钟	店铺装修规划	<u>讲授法 / 头脑风暴法</u> 1. 装修的概念、重要性和原则 2. 店铺装修设计规划、模块认知	多媒体投影仪	教材 P92 ~ 94 实操指导手册
50 分钟	装修素材制作	<u>讲授法 / 演示法 / 练习法</u> 1. 讲授基本作图工具使用 2. 讲授并演示装修素材制作方法 3. 指导学员练习并完成素材制作	多媒体投影仪	实操指导手册
50 分钟	模拟商城装修	<u>讲授法 / 演示法 / 练习法</u> 1. 讲授模拟商城装修 2. 讲授模拟商城设置 3. 指导学员练习并完成模拟商城装修	多媒体投影仪	实操指导手册
10 分钟	总结	<u>讲授法</u> 1. 回顾本课主要内容 2. 询问学员是否有疑问，并给予反馈	多媒体投影仪	

第 14 课　在第三方平台完成商品展示和店铺装修

教学目的： 这堂课结束时，学员能够：

- 掌握第三方平台商品管理操作流程。
- 掌握第三方平台店铺装修操作流程。

视觉教具： 多媒体投影仪。

授课时间： 160 分钟。

	第一天	第二天	第三天	第四天	第五天	第六天	第七天
第 1 节课							
休息							
第 2 节课							
午休							
第 3 节课					■		
休息							
第 4 节课					■		

时间	内容概述	授课方法和教学内容	视觉教具	相关资料
10 分钟	教学目标综述	<u>讲授法</u> 1. 学员意见反馈 2. 回顾前课内容 3. 阐述本课学习目标和主要内容	多媒体投影仪	每日意见反馈表
60 分钟	第三方平台商品管理	<u>讲授法 / 演示法 / 练习法</u> 1. 讲授第三方平台知识 2. 演示第三方平台商品上传流程 3. 演示第三方平台商品标题撰写、主图上传、描述制作、定价等方法和流程 4. 指导学员练习并完成其第三方平台店铺的商品管理	多媒体投影仪	实操指导手册
80 分钟	第三方平台店铺装修	<u>讲授法 / 演示法 / 练习法</u> 1. 演示第三方平台店铺装修基本流程和素材上传 2. 演示第三方平台店铺装修基本设置 3. 指导学员练习并完成其第三方平台店铺装修	多媒体投影仪	实操指导手册
10 分钟	总结	<u>讲授法</u> 1. 回顾本课主要内容 2. 询问学员是否有疑问，并给予反馈	多媒体投影仪	

第 15 课　运营管理——店铺管理

教学目的：这堂课结束时，学员能够：

- 掌握客服管理基本流程。
- 掌握交易管理基本流程。
- 掌握评价管理规则及应对动态评价的建议措施。

视觉教具：多媒体投影仪、黑（白）板、彩色卡纸、活页挂纸。

授课时间：160 分钟。

	第一天	第二天	第三天	第四天	第五天	第六天	第七天
第 1 节课							
休息							
第 2 节课							
午休							
第 3 节课							
休息							
第 4 节课							

时间	内容概述	授课方法和内容解释	视觉教具	相关资料
10 分钟	教学目标综述	讲授法 1. 学员意见反馈 2. 阐述本课学习目标和主要内容	多媒体投影仪 活页挂纸	每日意见反馈表
60 分钟	客服管理	讲授法 / 案例法 / 演示法 / 练习法 / 角色扮演法 1. 讲授客服的概念及重要性 2. 讲授客服管理规划 3. 讲授并结合案例分析客服售前培训、售中接待、售后管理的内容 4. 讲授售中服务 7 步法，以及消费心理、沟通技巧 5. 讲授客服沟通工具的概念及重要性 6. 演示客服沟通工具的使用，并指导学员练习	多媒体投影仪 彩色卡纸	教材 P100 ~ 109 实操指导手册
40 分钟	交易管理	讲授法 / 案例法 / 演示法 / 练习法 1. 讲授交易管理的概念及其重要性 2. 讲授各种交易状态下的管理内容，演示交易管理的基本流程，并指导学员练习 3. 讲授并结合案例分析交易安全的重要性	多媒体投影仪	教材 P110 ~ 112 实操指导手册
45 分钟	评价管理	讲授法 / 案例法 / 练习法 1. 讲授电商评价的概念和评价管理的重要性 2. 讲授单品评价规则 3. 讲授并结合案例分析中差评的处理方法 4. 讲授并结合案例分析动态评价系统的定义、指标、重要性及规则 5. 讲授动态评价系统的相关管理措施	多媒体投影仪	教材 P112 ~ 114
5 分钟	总结	讲授法 1. 回顾本课主要内容 2. 询问学员是否有问题，并给予反馈	多媒体投影仪	

第 16 课　运营管理——店铺推广

教学目标：这堂课结束时，学员能够：

- 掌握店铺免费推广技巧。
- 了解店铺付费推广的途径。
- 掌握店铺推广规划。

视觉教具：多媒体投影仪、黑（白）板、活页挂纸。

授课时间：160 分钟。

	第一天	第二天	第三天	第四天	第五天	第六天	第七天
第 1 节课							
休息							
第 2 节课							
午休							
第 3 节课						■	
休息							
第 4 节课						■	

时间	内容概述	授课方法和内容解释	视觉教具	相关资料
5 分钟	教学目标综述	讲授法 1. 学员意见反馈 2. 回顾前课内容 3. 阐述本课学习目标和主要内容	多媒体投影仪	每日意见反馈表
15 分钟	店铺推广原理及重要性	讲授法 / 案例法 / 头脑风暴法 1. 讲授店铺推广基本原理 2. 讲授店铺推广的基本作用 3. 头脑风暴店铺推广的途径	多媒体投影仪 黑（白）板 活页挂纸	
60 分钟	免费推广	讲授法 / 案例法 / 演示法 / 练习法 1. 讲授并结合案例分析商品上下架时间优化原理 2. 讲授并演示社会化媒体推广的手段和技巧，指导学员练习	多媒体投影仪	教材 P114 ~ 122
50 分钟	付费推广	讲授法 / 案例法 / 演示法 1. 讲授付费推广的重要性 2. 讲授并结合案例分析按点击量付费推广的原理 3. 讲授并结合案例分析按成交量付费推广的原理 4. 讲授并结合案例分析按展现量付费推广的原理	多媒体投影仪	教材 P122 ~ 129
25 分钟	推广规划	讲授法 / 案例法 / 头脑风暴法 1. 头脑风暴选择推广途径时要考虑的因素 2. 讲授推广规划的因素	多媒体投影仪 黑（白）板	教材 P129 ~ 130
5 分钟	总结及任务布置	讲授法 1. 回顾本课主要内容 2. 基于自身项目确定推广方案	多媒体投影仪	

第 17 课　运营管理——财务计划

教学目标：这堂课结束时，学员能够：

- 掌握预测启动资金的方法。
- 了解选择融资的渠道。
- 掌握预测利润的步骤、方法。

视觉教具：多媒体投影仪、黑（白）板、活页挂纸、彩色卡纸。

授课时间：80 分钟。

	第一天	第二天	第三天	第四天	第五天	第六天	第七天
第 1 节课							■
休息							
第 2 节课							
午休							
第 3 节课							
休息							
第 4 节课							

时间	内容概述	授课方法和内容解释	视觉教具	相关资料
10 分钟	教学目标综述	讲授法 1. 学员意见反馈 2. 回顾前课内容 3. 阐述本次课程的学习目标和主要内容	多媒体投影仪 活页挂纸	每日意见反馈表
25 分钟	预测启动资金	讲授法 / 案例法 / 讨论法 / 练习法 1. 讲授并讨论启动资金的构成 2. 讲授启动资金的预测方法 3. 分组完成启动资金预测表的填写	多媒体投影仪 黑（白）板 彩色卡纸	教材 P130 ~ 133
15 分钟	选择融资渠道	讲授法 / 案例法 / 讨论法 1. 讲授融资渠道的方式 2. 讨论各类融资渠道的优缺点 3. 指导学员选择适合自己的融资渠道	多媒体投影仪 黑（白）板 彩色卡纸	教材 P134 ~ 135
25 分钟	预测利润	讲授法 / 案例法 / 练习法 1. 讲授预测利润的步骤 2. 结合案例讲授预测利润的方法：预测销售收入和总成本，计算利润 3. 指导学员预测自己的利润并填写店铺规划书	多媒体投影仪 彩色卡纸	教材 P136 ~ 141
5 分钟	总结	讲授法 回顾本课主要内容	多媒体投影仪	

第 18 课　运营优化

教学目标：这堂课结束时，学员能够：

- 了解第三方电商平台店铺优化的维度。
- 掌握第三方电商平台店铺优化的方法。
- 了解电商数据诊断工具和方法。
- 店铺优化操作。

视觉教具：多媒体投影仪、黑（白）板、活页挂纸。

授课时间：80 分钟。

	第一天	第二天	第三天	第四天	第五天	第六天	第七天
第 1 节课							
休息							
第 2 节课							
午休							
第 3 节课							
休息							
第 4 节课							

时间	内容概述	授课方法和内容解释	视觉教具	相关资料
5 分钟	教学目标综述	讲授法 1. 学员意见反馈 2. 回顾前课内容 3. 阐述本课学习目标和主要内容	多媒体投影仪	每日意见反馈表
15 分钟	运营优化维度	讲授法 / 演示法 / 练习法 / 案例法 1. 讲授运营优化的重要性 2. 结合案例讲授店铺优化维度	多媒体投影仪	教材 P142 ~ 144
30 分钟	店铺优化方法	讲授法 / 演示法 / 练习法 / 案例法 1. 案例讲授扩大展现量方法 2. 案例讲授增加点击率方法 3. 案例讲授提高转化率方法 4. 案例讲授提升客单价方法	多媒体投影仪 黑（白）板	教材 P144 ~ 152
15 分钟	数据诊断	讲授法 1. 讲授数据诊断的工具 2. 讲授数据诊断的工具应用	多媒体投影仪 活页挂纸	
10 分钟	店铺优化实操	练习法 指导学员对自己店铺进行优化	多媒体投影仪	
5 分钟	总结	讲授法 1. 回顾本课主要内容 2. 布置课后练习，解答疑义	多媒体投影仪	

附录一　网络创业培训（电商）学员班监督与评估工具

创业培训学员登记表（主表）

填表日期：________　　　　（请您在符合您的选项"□"处打"√"）

<table>
<tr><td>1. 所属城市</td><td></td><td>2. 培训机构名称</td><td></td></tr>
<tr><td>3. 填表人</td><td colspan="3">□ 学员在讲师指导下填写　　□ 学员独立填写
□ 学员面试时由讲师代为填写，填写讲师姓名：________</td></tr>
</table>

<table>
<tr><td colspan="3">学 员 基 本 信 息</td><td rowspan="7">照片</td></tr>
<tr><td rowspan="2">4. 姓名：</td><td>5. 性别：□ 男 / □ 女</td><td>6. 年龄：</td></tr>
<tr><td colspan="2">7. 学历：</td></tr>
<tr><td colspan="3">8. 身份证号：</td></tr>
<tr><td colspan="2">9. 联系电话：</td><td>10. QQ：</td></tr>
<tr><td colspan="3">11. 电子邮箱：</td></tr>
<tr><td colspan="3">12. 联系地址：</td></tr>
<tr><td colspan="4">13. 目前您做什么工作?
□ 自由职业　□ 待业　□ 失业　□ 务农，主要供自己消费　□ 务农，也出售产品
□ 学生，所在学校及专业：________
□ 已经创办并正在经营企业，企业名称及职务：________
□ 就业，所在单位及职务（岗位）：________
□ 其他，请说明：________</td></tr>
</table>

续表

14. 有何特长：
15. 要求登记的其他基本信息：

<table>
<tr><th colspan="8">创 业 方 向</th></tr>
<tr><td colspan="8">16. 请从上至下，依次选择最接近您想法的一列，并找到对应字母：____________</td></tr>
<tr><td colspan="4">□ 准备创办一家企业</td><td colspan="3">□ 继续经营自己现有的企业</td><td>□ 其他想法</td></tr>
<tr><td colspan="2">□ 还没有明确、具体的企业想法</td><td colspan="2">□ 已经有明确、具体的企业想法</td><td colspan="2">□ 现有企业经营模式尚未互联网化</td><td rowspan="2">□ 现有企业依靠互联网渠道经营</td><td rowspan="2">请说明：</td></tr>
<tr><td>□ 先学习提高，暂不创业</td><td>□ 准备尽快创业</td><td>□ 创办传统类型的企业</td><td>□ 利用互联网创业</td><td>□ 按现在企业模式改善经营</td><td>□ 为现有企业做互联网化转型</td></tr>
<tr><td>A</td><td>B</td><td>C</td><td>D</td><td>E</td><td>F</td><td>G</td><td>H</td></tr>
</table>

创业培训学员登记表（附表 1——企业想法登记表）

填表日期：________ 指导讲师姓名：________ 单位：________

（请您在符合您的选项"□"处打"√"）

<table>
<tr><th>创 业 者 状 况</th></tr>
<tr><td>17. 您是否有具体可行的企业想法：
□ 还没有
□ 有，请具体说明：________</td></tr>
<tr><td>18. 请说明您为什么要创办企业：</td></tr>
<tr><td>19. 请问您打算何时创办企业：</td></tr>
<tr><td>20. 您具备哪些与创办企业有关的技能、经验和资源？
□ 还没有
□ 有，请具体说明：________</td></tr>
</table>

<table>
<tr><th>设 想 中 的 企 业</th></tr>
<tr><td>21. 请简要描述您的企业想法：
□ 还没有（如果还没有明确、具体的企业想法，请跳过此题框，直接回答第 23 题）
□ 有，请具体说明：________</td></tr>
<tr><td>22. 您将创办的企业属于哪个行业？（可多选）
□ 制造业 □ 服务业 □ 零售业 □ 批发业 □ 农业或与农业有关行业
□ 说不清 □ 其他行业，请说明：</td></tr>
</table>

续表

<table>
<tr><th colspan="8">培 训 需 求 调 查</th></tr>
<tr><td colspan="8">23. 您期望在培训班里学到什么：</td></tr>
<tr><td colspan="8">24. 对培训的承诺：
是否能够保证出勤？　☐ 是　☐ 否　　是否得到家庭成员的支持？　☐ 是　☐ 否
您确实想创办企业？　☐ 是　☐ 否　　是否能够遵守课堂要求？　☐ 是　☐ 否</td></tr>
<tr><td colspan="8">25. 培训时间可能会根据参训者情况作出合理调整，请根据自身情况在能够参训的时段打“√”：</td></tr>
<tr><td></td><td>星期一</td><td>星期二</td><td>星期三</td><td>星期四</td><td>星期五</td><td>星期六</td><td>星期日</td></tr>
<tr><td>上午</td><td></td><td></td><td></td><td></td><td></td><td></td><td></td></tr>
<tr><td>下午</td><td></td><td></td><td></td><td></td><td></td><td></td><td></td></tr>
<tr><td>晚上</td><td></td><td></td><td></td><td></td><td></td><td></td><td></td></tr>
<tr><td colspan="8">其他关于时间方面的需求：</td></tr>
<tr><td colspan="5">报名者签名：</td><td colspan="3">日期：　20　　年　　月　　日</td></tr>
</table>

（★ 注：请将该附表与报名者的主表合并装订。）

创业培训学员登记表（附表 2——现有企业登记表）

填表日期：______________　　指导讲师姓名：______________　　单位：______________

（请您在符合您的选项“□”处打“√”）

企 业 信 息（请指出对此栏信息严格保密）	
17. 企业名称：	
18. 企业地址：	
19. 创建企业的日期：20　　年　　月	20. 是否已办理了工商营业执照？　□ 是 / □ 否
21. 您在企业中的身份是：□ 企业主和负责人　□ 合伙人之一　□ 只是投资人　□ 其他	
22. 您的企业属于哪个行业？（可多选） □ 制造业　□ 服务业　□ 零售业　□ 批发业　□ 农业或与农业有关行业 □ 说不清　□ 其他行业，请说明：______________	
23. 请简要描述您企业的经营活动、范围和规模：	
24. 您的企业目前经营状况如何？ □ 运行良好　□ 不理想，存在问题　□ 经营不善，情况堪忧	
25. 您的企业平均每月的销售额：¥__________；面试前 1 个月销售额：¥__________ 这些数额与当年的其他数额基本相同吗？□ 是　□ 比通常数额高　□ 比通常数额低	
26. 您的企业每日平均顾客是__________人；面试前 1 个月顾客数是__________人 这些数字与当年的其他数字基本相同吗？□ 是　□ 比通常数字高　□ 比通常数字低	
27. 您的企业营业额有________% 的比例用于个人或家庭开支； 扣除家庭开支后，通常每月剩余资金 ¥__________	
28. 您对将来的企业有何打算？ □ 维持现有模式并逐步提高业绩　□ 除现有企业外，创办新的企业 □ 创办新的企业并替代现有企业　□ 不清楚	
29. 请估算您的企业资产现值：¥__________ 机械 / 工具 / 设备：¥__________　车辆 / 其他交通工具：¥__________ 场地 / 房屋 / 土地：¥__________　其他，请说明：______________	
30. 您的企业共提供__________个工作岗位（包括雇主）。	

续表

31. 请填写下面关于雇员情况的表格：

	在企业的主要工作	每周工作小时	工资		是否家庭成员（如果是，请打“√”）	性别	
			支付	不支付		男	女
自身			□	□	□	□	□
雇员 1			□	□	□	□	□
雇员 2			□	□	□	□	□
雇员 3			□	□	□	□	□
雇员 4			□	□	□	□	□
雇员 5			□	□	□	□	□
雇员 6			□	□	□	□	□
雇员 7			□	□	□	□	□
雇员 8			□	□	□	□	□
雇员 9			□	□	□	□	□
总计（如多于 10 人可以写在背面）							

32. 您对企业员工表现如何评价？（请在对应空格内打“√”）

	好 无需改进	不错 需要小的改进	不好 需要较大改进	根本不行 工作没有做
雇员工资水平				
雇员就业合同				
参加社会保险				
额外医疗或其他保险				
雇员年假安排				
雇员在企业决策中的意见参与				
雇员培训及其他发展机会				
其他利益，如：____________				

续表

企业知识问答
33. 当您在计算产品的总成本时，请列出应该考虑的不同成本。
34. 企业计划有哪几个主要部分？
35. 市场营销计划的主要部分是什么？
36. 尽量列出您未缴纳的职工保险福利种类。

续表

<table>
<tr><th colspan="8">企 业 知 识 问 答</th></tr>
<tr><td colspan="8">37. 安全和卫生的工作环境由什么构成？</td></tr>
<tr><th colspan="8">培 训 需 求 调 查</th></tr>
<tr><td colspan="8">38. 您期望在培训班里学到什么：</td></tr>
<tr><td colspan="8">39. 对培训的承诺：
是否能够保证出勤？ □ 是 □ 否　　是否得到家庭成员的支持？ □ 是 □ 否
您确实想创办企业？ □ 是 □ 否　　是否能够遵守课堂要求？ □ 是 □ 否</td></tr>
<tr><td colspan="8">40. 培训时间可能会根据参训者情况作出合理调整，请根据自身情况在能够参训的时段打“√”：</td></tr>
<tr><td></td><td>星期一</td><td>星期二</td><td>星期三</td><td>星期四</td><td>星期五</td><td>星期六</td><td>星期日</td></tr>
<tr><td>上午</td><td></td><td></td><td></td><td></td><td></td><td></td><td></td></tr>
<tr><td>下午</td><td></td><td></td><td></td><td></td><td></td><td></td><td></td></tr>
<tr><td>晚上</td><td></td><td></td><td></td><td></td><td></td><td></td><td></td></tr>
<tr><td colspan="8">其他关于时间方面的需求：</td></tr>
<tr><td colspan="4">报名者签名：</td><td colspan="4">日期： 20　 年　 月　 日</td></tr>
</table>

（★ 注：请将该附表与报名者的主表合并装订）

创业培训学员登记表（附表 3——网络创业登记表）

填表日期：__________　　指导讲师姓名：__________　　单位：__________

（请您在符合您的选项“□”处打“√”）

创 业 者 相 关 情 况

17. 您是否有网上创业的经历：

□ 否，从未接触过网络创业　　□ 否，但有家人创办或正在经营

□ 是，且准备进一步改善，其主营产品（服务）：__________

□ 是，但准备创办一家新的互联网企业，打算推广产品（服务）：__________

18. 您准备创办（或已经创办）哪种类型的互联网企业：

□ 网上开店　□ 线上线下模式　□ 移动互联网创业　□ 自媒体营销创业　□ 其他：__________

19. 您是否拥有自己的网（微）店或注册过某电商平台卖家账户？

□ 是，请说明平台名称（可多填）：__________　　信誉等级：__________

主营产品（服务）：__________

□ 否

学 员 信 息

20. 您是否是某第三方电商平台会员？

□ 是，请说明网站名称（可多填）：__________　　□ 否

21. 您每年通过互联网进行的交易有多少笔（次）？（包括在任意电商平台网购商品，或在任意 O2O 平台进行服务消费，如团购餐、看电影、加油等移动支付行为等）

□ 从来没有　　□ 20 笔（次）以下　　□ 20~100 笔（次）　　□ 100 笔（次）以上

22. 您所掌握的计算机应用操作技术有哪些？（可多选）

□ 图片处理　□ 文档编辑　□ 办公应用　□ 媒体应用　□ 网络技术　□ 其他：__________

23. 您所拥有的电子设备有哪些：

□ 笔记本电脑　□ 台式电脑　□ 智能手机　□ 数码相机　□ 其他：__________

续表

<table>
<tr><th colspan="8">培 训 需 求 调 查</th></tr>
<tr><td colspan="8">24. 您期望在培训班里学到什么：</td></tr>
<tr><td colspan="8">25. 对培训的承诺：
是否能够保证出勤？ □ 是 □ 否　　是否得到家庭成员的支持？ □ 是 □ 否
您确实想创办企业？ □ 是 □ 否　　是否能够遵守课堂要求？ □ 是 □ 否</td></tr>
<tr><td colspan="8">26. 培训时间可能会根据参训者情况作出合理调整，请根据自身情况在能够参训的时段打“√”：</td></tr>
<tr><td></td><td>星期一</td><td>星期二</td><td>星期三</td><td>星期四</td><td>星期五</td><td>星期六</td><td>星期日</td></tr>
<tr><td>上午</td><td></td><td></td><td></td><td></td><td></td><td></td><td></td></tr>
<tr><td>下午</td><td></td><td></td><td></td><td></td><td></td><td></td><td></td></tr>
<tr><td>晚上</td><td></td><td></td><td></td><td></td><td></td><td></td><td></td></tr>
<tr><td colspan="8">其他关于时间方面的需求：</td></tr>
<tr><td colspan="4">报名者签名：</td><td colspan="4">日期： 20 年 月 日</td></tr>
</table>

（★ 注：请将该附表与报名者的主表合并装订）

创业培训学员选择程序

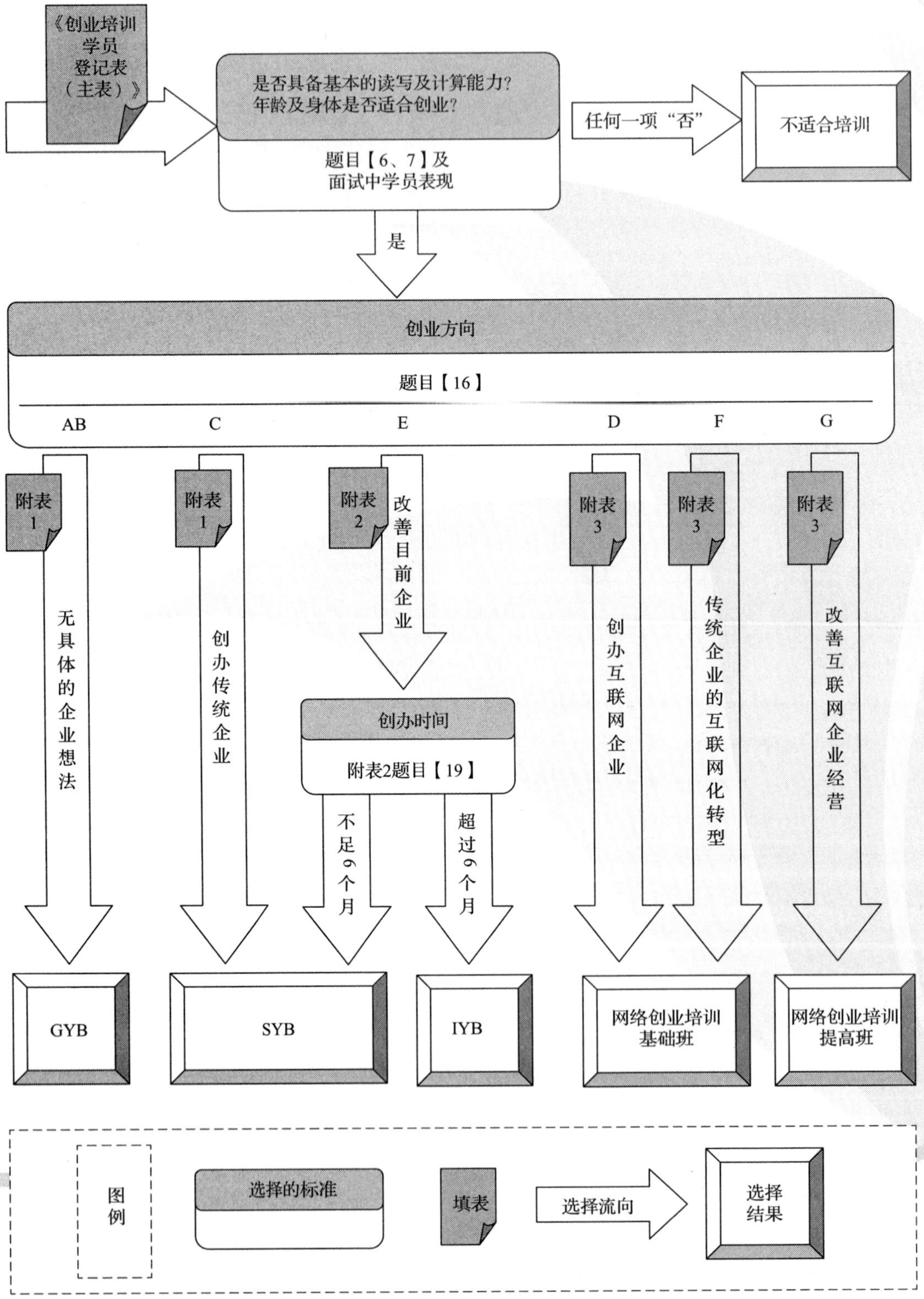

《创业培训学员登记表（主表）》
是否具备基本的读写及计算能力？
年龄及身体是否适合创业？
题目【6、7】及面试中学员表现
任何一项“否”
不适合培训
是
创业方向
题目【16】
AB
C
E
D
F
G
附表1
无具体的企业想法
附表1
创办传统企业
附表2
改善目前企业
创办时间
附表2题目【19】
不足6个月
超过6个月
附表3
创办互联网企业
附表3
传统企业的互联网化转型
附表3
改善互联网企业经营
GYB
SYB
IYB
网络创业培训基础班
网络创业培训提高班
图例
选择的标准
填表
选择流向
选择结果

网络创业培训学员班教材、教具、设备清单

（以 30 人 / 班为例）

	项目	数量	说明
教材	网络创业培训教程（电商版）	1 本	中国劳动社会保障出版社出版
	网络创业培训教学辅助平台实操指导手册	1 本	由网络创业培训教学辅助平台技术支持单位提供
设备	黑（白）板	1 套	1.2 米 ×2 米，带可移动支架及板擦
	多媒体投影仪	1 套	带幕布
	（笔记本）电脑	30 台	确保学员人手一台，师资笔记本电脑可连接投影仪
	翻页笔	1 支	与授课师资沟通是否准备
	无线话筒（及电池）	1 套	根据场地情况，与授课师资沟通是否准备
	电源插座	6 个	确保“岛形”分组每组一个，师资一个，电源线够长
	打印机	1 台	可设置在会务组
教具	白板磁吸	30 个	
	磁条	8 条	
	山形铁夹	6 个	
	白板笔（非油性）	若干	黑色 45 支（学员每人 1 支）；红色 15 支；蓝色 15 支
	铅笔	30 支	
	转笔刀	1 个	
	活页挂纸	若干	普通 0 号绘图纸 120 张
	彩色 A4 彩卡纸	若干	3 ～ 5 种颜色（浅色），各 240 张
	A4 打印纸	2 包	
	裁纸刀	3 把	
	剪刀	6 把	
	直尺	若干	长（大于 1 米）、短各 3 把
	计算器	4 个	
	订书机	2 个	带足够数量的订书钉
	透明胶带（宽）	2 卷	
	双面胶带（窄）	2 卷	
	胶水	2 瓶	
	档案盒	5 个	或牛皮纸档案袋 15 个

网络创业培训（电商）学员班课程表

<table>
<tr><th>日期</th><th>时间</th><th>教学单元</th><th>教学内容</th></tr>
<tr><td rowspan="5">第一天</td><td rowspan="3">09:00—12:00</td><td rowspan="3">开班</td><td>开班式</td></tr>
<tr><td>第 1 课　中国创业培训项目发展历程及网络创业培训项目介绍</td></tr>
<tr><td>第 2 课　建立互助学习小组</td></tr>
<tr><td rowspan="2">14:00—17:00</td><td>理论教学</td><td>第 3 课　了解网络创业形势</td></tr>
<tr><td>实操任务</td><td>第 4 课　店铺注册：
平台规则介绍
模拟商城店铺注册
第三方电商平台店铺注册（移动端注册）</td></tr>
<tr><td rowspan="3">第二天</td><td>09:00—12:00</td><td>理论教学</td><td>第 5 课　认识电商创业机会（上）：
农村电商、跨境电商</td></tr>
<tr><td rowspan="2">14:00—17:00</td><td>理论教学</td><td>第 6 课　认识电商创业机会（下）：
O2O 电商、移动电商
常见电商风险</td></tr>
<tr><td>课后任务</td><td>基于电商创业机会思考电商创业项目</td></tr>
<tr><td rowspan="3">第三天</td><td>09:00—12:00</td><td>理论教学</td><td>第 7 课　电商创业者的自我评价
第 8 课　项目选择
第 9 课　市场分析</td></tr>
<tr><td rowspan="2">14:00—17:00</td><td>理论教学</td><td>第 10 课　开办准备：
选择电商平台、寻找货源、组建团队</td></tr>
<tr><td>课后任务</td><td>基于自身情况确定电商创业项目</td></tr>
<tr><td rowspan="3">第四天</td><td rowspan="2">09:00—12:00</td><td>理论教学</td><td>第 11 课　运营管理——运营原理、货源绑定、上架</td></tr>
<tr><td>模拟训练</td><td>运营管理——货源绑定、上架</td></tr>
<tr><td>14:00—17:00</td><td>模拟训练</td><td>第 12 课　运营管理——商品展示</td></tr>
</table>

续表

日期	时间	教学单元	教学内容
第五天	09:00—12:00	模拟训练	第 13 课　运营管理——店铺装修
	14:00—17:00	实操任务	第 14 课　在第三方平台完成商品展示和店铺装修
第六天	09:00—12:00	模拟训练	第 15 课　运营管理——店铺管理
	14:00—17:00	理论教学	第 16 课　运营管理——店铺推广
		课后任务	基于自身项目确定推广方案
第七天	09:00—12:00	理论教学	第 17 课　运营管理——财务计划
			第 18 课　运营优化
	14:00—17:00	实操任务	第三方店铺成果展示与评价指导
		结业	制订行动计划 结业考核 结班仪式

每日意见反馈表

日期：__________/__________/__________　　讲师：__________

我喜欢的：☺
我不喜欢的：☹
我不理解的：?
我的建议：✪
今天学到的最重要的课程：

网络创业培训（电商）学员班结束评估表

（　　　年　　月　　日）

<table>
<tr><td>1. 本次培训是否包括了您在培训前期望的内容？
是的，包括了所有内容　□ 3
是的，一定程度包括了　□ 2
不是，与我期望的不同　□ 1
您觉得缺少了什么内容：

您觉得有哪些不必要的内容：</td><td>2. 您在培训班期间提出的问题、意见和建议是否都得到了主办方和讲师的答复和解决？
是的，所有　□ 3
是的，部分　□ 2
否，没有　□ 1
具体问题是：</td></tr>
<tr><td>3. 您是否认为本次培训班包括了对您网店创办和经营有重要性的步骤、方法和工具？
是的，所有　□ 3
是的，部分　□ 2
否，一点也没有　□ 1</td><td>4. 您在培训期间与其他学员交流经验和问题的机会是否充分？
是的，充分　□ 3
是的，还可以　□ 2
否，不充分　□ 1</td></tr>
<tr><td>5. 您现在是否有信心完成并提交店铺规划书？
是的，很有信心　□ 3
我不是很有信心　□ 2
否，完全没有信心　□ 1</td><td>6. 您现在是否有把握按照实践成果和店铺规划书进行网络创业？
是的，很有把握　□ 3
我不是很有把握　□ 2
否，完全没有把握　□ 1</td></tr>
<tr><td>7. 您是否觉得教学辅助平台对您的学习和日后创业活动有帮助？
是，我非常需要　□ 3
是，一定程度提供了帮助　□ 2
否，我不太需要　□ 1</td><td>8. 您是否能够运用学到的知识和方法而不需要进一步的帮助？
是，完全没问题　□ 3
是，但不能完全做到　□ 2
否，我需要进一步帮助　□ 1</td></tr>
<tr><td>9. 您认为培训班的学习环境和后勤工作如何？
非常好　□ 3
比较好　□ 2
很差　□ 1</td><td>10. 您认为培训班的期限合适吗？
很合适　□ 3
不太合适　□ 2
太不合适了　□ 1</td></tr>
<tr><td>您接受这次培训的最大收获是什么？请简要列出。</td><td></td></tr>
<tr><td>如果进行网络创业培训，您希望获得哪些实质性的支持和帮助？请具体列出。</td><td></td></tr>
<tr><td>您对培训班还有哪些意见和建议：</td><td></td></tr>
</table>

平均得分：__________

网络创业培训（电商）实践成果信息登记表

<table>
<tr><td>学员姓名</td><td></td><td>身份证号</td><td></td></tr>
<tr><td>电商平台</td><td></td><td>电商平台用户名</td><td></td></tr>
<tr><td>培训班次</td><td></td><td>店铺名称</td><td></td></tr>
<tr><td>培训机构</td><td></td><td>店铺地址</td><td></td></tr>
<tr><td colspan="4">电商平台店铺截图</td></tr>
<tr><td colspan="4">移动端店铺截图</td></tr>
<tr><td colspan="4">模拟商城店铺截图</td></tr>
</table>

实践成果截图要求：

1. 尺寸大小：宽 950 像素，高 550~700 像素。
2. 内容：包括用户名、店铺名、店招及轮播等。
3. 要求学员在教学辅助平台登录状态下进行店铺首页截图。

网络创业培训（电商）实践成果评分表

学员姓名：________________　　　得分：________________

<table>
<tr><th colspan="2" rowspan="2">考核项
（分值）</th><th rowspan="2">评分标准</th><th colspan="3">评分等级</th></tr>
<tr><th>优秀</th><th>合格</th><th>不合格</th></tr>
<tr><td rowspan="5">店铺成果</td><td>开店完成
（50 分）</td><td>第三方店铺开设完成（PC 端或移动端）</td><td colspan="2">50</td><td>0</td></tr>
<tr><td>网店装修
（25 分）</td><td>1. 店标、店招上传完成——10 分
2. 两幅（含）轮播幻灯片上传完成——10 分
3. 轮播幻灯片添加链接完成——5 分</td><td>16~20</td><td>12~15</td><td>12 分以下</td></tr>
<tr><td>商品上架
（15 分）</td><td>1. 成功上架 5 个商品——5 分
2. 商品首图齐全、商品标题合理——5 分</td><td>8~10</td><td>6~7</td><td>6 分以下</td></tr>
<tr><td>商品描述
（10 分）</td><td>按照课程知识点完成 3 件商品描述制作——10 分</td><td>8~10</td><td>6~7</td><td>6 分以下</td></tr>
<tr><td>店铺推广
（5 分）</td><td>1 个（含）以上店内推广——5 分</td><td>8~10</td><td>6~7</td><td>6 分以下</td></tr>
<tr><td rowspan="6">店铺规划</td><td>态度
（20 分）</td><td colspan="4">主要评价学员完成主观题态度是否端正，内容填写完整</td></tr>
<tr><td>财务
（20 分）</td><td colspan="4">主要评价学员初创店铺启动资金、利润预测是否合理</td></tr>
<tr><td>团队
（10 分）</td><td colspan="4">主要评价学员初创店铺团队规划是否符合实际需求</td></tr>
<tr><td>推广
（20 分）</td><td colspan="4">1. 免费推广选择的途径和预期收益是否合理——10 分
2. 付费推广选择的途径是否合理，投入产出比值是否合理——10 分</td></tr>
<tr><td>内容
（20 分）</td><td colspan="4">主要评价学员店铺规划内容是否符合逻辑，是否有可行性</td></tr>
<tr><td>实践
（10 分）</td><td colspan="4">主要评价学员所描述的店铺规划是否已经投入实践</td></tr>
<tr><td colspan="2">综合评估</td><td colspan="4">整体评估下，两项都为 85 分（含）以上为优秀；两项都为 60(含)～ 85 分（不含）为合格；任意一项 60 分以下为不合格</td></tr>
</table>

网络创业（电商）店铺规划书

<table>
<tr><td rowspan="9">真实店铺简介</td><td>店铺用户名</td><td colspan="3"></td></tr>
<tr><td>店铺名称</td><td colspan="3"></td></tr>
<tr><td>网店地址</td><td colspan="3"></td></tr>
<tr><td>主营产品类型</td><td colspan="3"></td></tr>
<tr><td>货源来源</td><td colspan="3"></td></tr>
<tr><td>客户群体定位
（年龄、人群）</td><td colspan="3"></td></tr>
<tr><td>商品价格定位</td><td colspan="3"></td></tr>
<tr><td>商品数量</td><td colspan="3"></td></tr>
<tr><td>当前信用等级</td><td colspan="3"></td></tr>
<tr><td rowspan="10">店铺3个月发展规划</td><td rowspan="3">启动资金</td><td colspan="2">开办费用：</td><td rowspan="3">合计：</td></tr>
<tr><td colspan="2">固定资产：</td></tr>
<tr><td colspan="2">流动资金：</td></tr>
<tr><td rowspan="2">团队建设</td><td colspan="3">招聘人数：</td></tr>
<tr><td colspan="3">人员分工：</td></tr>
<tr><td rowspan="5">主要推广手段</td><td rowspan="2">免费推广</td><td colspan="2">选择推广途径与原因：</td></tr>
<tr><td colspan="2">预期效果：</td></tr>
<tr><td rowspan="3">付费推广</td><td colspan="2">选择推广途径与原因：</td></tr>
<tr><td colspan="2">预计投入：</td></tr>
<tr><td colspan="2">预计产出：</td></tr>
</table>

续表

<table>
<tr><td rowspan="14">店铺3个月发展规划</td><td>日均访客数</td><td></td></tr>
<tr><td colspan="2">注解：日均访客数 =3 个月内全店各页面的访问总人数 /3 个月总天数。</td></tr>
<tr><td>转化率</td><td></td></tr>
<tr><td colspan="2">注解：转化率 =（产生购买行为的客户人数 / 所有到达店铺的访客人数）×100%。</td></tr>
<tr><td>日均成交单数</td><td></td></tr>
<tr><td colspan="2">注解：日均成交单数 =3 个月内商品成功交易的单数（一次拍下多件商品，算成交一单）/3 个月总天数。</td></tr>
<tr><td>客单价</td><td></td></tr>
<tr><td colspan="2">注解：客单价 = 支付宝成交金额 / 成交用户数。</td></tr>
<tr><td>总收入</td><td></td></tr>
<tr><td colspan="2">注解：3 个月交易成功并通过支付宝付款的商品交易总额。</td></tr>
<tr><td>总成本</td><td></td></tr>
<tr><td colspan="2">注解：3 个月各类成本费用总额。</td></tr>
<tr><td>净收入</td><td></td></tr>
<tr><td colspan="2">注解：3 个月内的商品交易总额减去各类成本费用总额后的净收入。</td></tr>
</table>

创业培训学员班活动报告

培训班编号：________________ 填表人：________________ 提交日期：________________

1. 培训班基本信息
1.1 主办单位：
1.2 联系人姓名： 手机：
1.3 培训类别：□ GYB/ □ SYB/ □ IYB 培训班；□ 网络创业（电商）基础班
1.4 培训人数： 培训合格人数：
1.5 培训时间：________________ 至 ________________
1.6 培训地点：（具体到承办场地）
1.7 授课讲师：________________ 和 ________________
2. 培训班基本情况
2.1 本次培训是否特定针对以下群体？（可多选） □ 失业人员 □ 失地农民 □ 返乡农民工 □ 在校大学生 □ 毕业大学生 □ 青年（25 岁以下） □ 妇女 □ 残障人士 □ 复转军人 □（即将）刑满释放人员 □ 其他________________
2.2 培训机构和讲师是怎样吸引学员报名参加本次培训班的？（可多选） □ 直接推介（组织推介会或发放宣传单等） □ 大规模推介（在线上线下媒体打广告等） □ 其他________________________

续表

<table>
<tr><td>2.3　参训学员筛选面试情况：
培训机构和讲师是否在开班前对学员进行筛选面试和培训需求分析？　□ 是　□ 否
● 若是，是否使用《创业培训学员登记表主表 / 附表》？　□ 是　□ 否
● 若否，请说明原因：</td></tr>
<tr><td>2.4　本次培训的资金来源：
□ 政府补贴，补贴标准：____________元 / 人；
□ 培训机构预算内经费；
□ 收取参训讲师培训费，收费标准：____________元 / 人；
□ 其他：____</td></tr>
<tr><td>2.5　正版学员教材是否在培训班开班时发放到学员手中？□ 是　□ 否</td></tr>
<tr><td>2.6　培训机构怎么评定培训讲师在培训班之前和培训期间所提供的技术支持？
□ 很好　□ 好　□ 基本满意　□ 不好</td></tr>
<tr><td>2.7　关于本次培训的感受、评论和建议：</td></tr>
</table>

3. 参加培训学员情况

序号	姓名	联系地址	身份证号	联系电话	邮箱 /QQ	性别	年龄	教育程度	就业状况	收入状况	学员面试分数

网络创业培训学员后续支持服务需求调查表

<table>
<tr><td>姓名</td><td></td><td>性别</td><td></td><td>身份证号码</td><td></td></tr>
<tr><td>籍贯</td><td></td><td>培训地点</td><td></td><td>培训起止时间</td><td></td></tr>
<tr><td>联系电话</td><td colspan="3"></td><td colspan="2">是否创业：□ 已创业　□ 准备创业</td></tr>
<tr><td colspan="6">网络创业类型：□ 网上开店　□ 劳务技术　□ 自媒体　□ 移动互联网　□ 线上线下
其他：____________</td></tr>
<tr><td colspan="6">企业想法 / 现状概述：</td></tr>
<tr><td colspan="6">后续服务需求：
□ 货源　具体阐述：____________
____
□ 资金　具体阐述：____________
____
□ 导师　具体阐述：____________
____
□ 场地　具体阐述：____________
____
□ 其他　具体阐述：____________
____________</td></tr>
</table>

网络创业培训学员班后续支持服务活动报告

1. 基本信息
1.1 提交日期： 1.2 报告提交人： 1.3 授权单位： 1.4 工作单位：
2. 后续服务活动基本情况
2.1 讲师提供的后续支持活动类型： 2.1.1 举办提高培训班 □ 2.1.2 提供现场咨询 □ 2.1.3 其他 □
2.2 如果是举办提高班培训，请指出培训日期、地点和讲师姓名： 2.2.1 提高班培训日期： 2.2.2 提高班培训地点： 2.2.3 主讲讲师： 2.2.4 合作讲师（如果有）：
2.3 如果是现场咨询，请指出访问学员的日期和地点： 请用一张后续活动报告表记录每天的后续活动 2.3.1 访问日期： 2.3.2 地点：
2.4 说明本次后续支持活动的性质和形式：

3. 参加后续服务活动学员情况

序号	姓名	居住地址和电话号码	网店创办状况	经营商品 / 服务	就业状况	收入状况（元 / 月）	上一季度销售额	企业员工数量

网络创业培训学员创业情况跟踪调查表

<table>
<tr><td>姓名</td><td></td><td>性别</td><td></td><td>身份证号码</td><td></td></tr>
<tr><td>籍贯</td><td></td><td>培训地点</td><td></td><td>培训起止时间</td><td></td></tr>
<tr><td>学历</td><td></td><td>联系方式</td><td colspan="3"></td></tr>
<tr><td rowspan="9">创业情况</td><td>企业名称</td><td colspan="2"></td><td>创业地址</td><td></td></tr>
<tr><td>创办时间</td><td colspan="4"></td></tr>
<tr><td>注册资金</td><td colspan="4"></td></tr>
<tr><td>网络创业类型</td><td colspan="4">□ 网上开店　□ 劳务技术　□ 自媒体　□ 移动互联网
□ 线上线下　其他：____________________</td></tr>
<tr><td>股东人数</td><td colspan="2"></td><td>雇工人数</td><td></td></tr>
<tr><td>主营业务</td><td colspan="2"></td><td>销售规模</td><td></td></tr>
<tr><td>产品介绍</td><td colspan="4"></td></tr>
<tr><td>发展预期</td><td colspan="4"></td></tr>
<tr><td>创业困难</td><td colspan="4"></td></tr>
<tr><td>调查时间</td><td colspan="2"></td><td>调查人</td><td colspan="2"></td></tr>
</table>

网络创业培训学员创业情况统计表

序号	姓名	性别	身份证号	联系电话	所在学校（区县）	网店用户名	网店名称	信用等级	网店地址	主营类目	备注

附录二　网络创业培训（电商）术语一览表

序号	术语	说明
1	ABC	一种新型电子商务模式，被誉为继阿里巴巴B2B模式、京东商城B2C模式及淘宝C2C模式之后电子商务界的第四大模式。它是由代理商Agent、商家Business和消费者Consumer共同搭建的集生产、经营、消费为一体的电子商务平台，三者之间可以转化。大家相互服务、相互支持，你中有我、我中有你，真正形成一个利益共同体。
2	Adertorial	软文广告的一种，是一种付费文章。
3	Adwords	搜索引擎Google的关键词竞价广告称为Adwords，也称为“赞助商链接”，中文俗称“Google右侧广告”。Adwords是一种快速简单的购买广告服务的方式，这种广告服务的针对性强，按点击次数计费。Adwords广告随搜索结果一起显示在Google上。
4	Alexa	一家免费提供网站流量信息的公司，创建于1996年，一直致力于开发网页抓取和网站流量计算的工具。Alexa排名常被用来评价某一网站访问量。
5	Alibaba	阿里巴巴网络技术有限公司，由以马云为首的18人于1999年在中国杭州创立。他们相信互联网能够创造公平的竞争环境，让小企业通过创新与科技扩展业务，并在参与国内或全球市场竞争时处于更有利的位置。
6	AliExpress	即阿里巴巴全球速卖通，Ali表示阿里巴巴，Express表示快速。全球速卖通正式上线于2010年4月，是阿里巴巴旗下唯一面向全球市场打造的在线交易平台，全球速卖通面向海外买家，通过支付宝国际账户进行担保交易，并使用国际快递发货。
7	Amazon	亚马逊公司，成立于1995年，是美国最大的一家网络电子商务公司，也是网络上最早经营电子商务的公司之一。
8	Android	一种基于Linux的自由及开放源代码的操作系统。
9	APP	Application的简称，指智能手机的第三方应用程序。比较著名的APP商店有Apple的iTunes商店、Blackberry的BlackBerry App World、Android的Android Market等。
10	B2B	Business to Business的缩写，是指企业对企业之间的营销关系，它将企业内部网，通过B2B网站与客户紧密结合起来，通过网络的快速反应，为客户提供更好的服务，从而促进企业的业务发展。

续表

序号	术语	说明
11	B2B2C	一种电子商务类型的网络购物商业模式，B 是 Business 的简称，C 是 Consumer 的简称，第一个 B 指的是商品或服务的供应商，第二个 B 指的是从事电子商务的企业，C 表示消费者。
12	B2C	Business to Consumer 的缩写，就是通常说的商业零售，直接面向消费者销售产品和服务。
13	B2F	Business to Family 的缩写，指商业机构对家庭消费的营销商务。
14	B2G	Business to Government 的缩写，有时也被称为电子政府，指企业与政府之间通过网络进行交易活动的运作模式，如电子通关、电子报税等。
15	B2M	Business to Marketing 的缩写，指面向市场营销的电子商务企业，即网络营销托管服务商。B2M 企业以企业客户需求为核心建立营销型电子商务平台，并通过线上、线下多种渠道进行推广和导购管理。
16	B2S	Business to Share 的缩写，指分享式商务或体验式商务。即有共同兴趣爱好的一群人通过平台，选择自己喜欢的商品并在网上支付费用，提供商品者再从付费者里挑选一个幸运者，该幸运者可以拥有并体验这款商品。
17	Banner	横幅广告。
18	BAT	表示中国三大互联网公司，即百度公司（Baidu）、阿里巴巴集团（Alibaba）、腾讯公司（Tencent）。
19	BBS	Bulletin Board System 的缩写，即电子公告板。
20	BI	Business Intelligence 的缩写，即商务智能，通常被理解为将企业中现有的数据转化为知识，帮助企业做出明智的业务经营决策的工具。
21	Blog	全名为 Web log，即“网络日志”，后来缩写为 Blog，而博客（Blogger）就是写 Blog 的人。
22	Brand	商标，品牌。
23	BSNS	Business Social Networking Service 的缩写，即商务社会性网络服务，专指旨在帮助人们建立社会性网络的互联网应用服务。
24	Busionline	创业在线，由杭州沃土教育科技有限公司于 2011 年创建。
25	Button	图标广告。
26	C2B	Consumer to Business 的缩写，即消费者到企业，是互联网经济时代新的商业模式。
27	C2B2B	Consumer to Business to Business 的缩写，指消费者提出需求后，电子商务企业整合信息并向生产商定制高标准商品和服务。
28	C2C	Consumer to Consumer 的缩写，即个人对个人，同 B2B、B2C 一样，都是电子商务的模式之一。
29	Click	点击量 / 点击次数，指用户点击广告的次数，是评估广告效果的指标之一。
30	Click Rate	点击率 / 点进率，即网络广告被点击的次数与访问次数的比例。

续表

序号	术语	说明
31	CPA	Cost Per Action 的缩写，每次动作成本，即根据每个访问者对网络广告所采取的行动收费的定价模式。
32	CPC	Cost Per Click 的缩写，即每次点击成本。
33	CPM	Cost Per Mille 的缩写，即每千人成本。
34	CPP	Cost Per Purchase 的缩写，即每购买成本。
35	CPR	Cost Per Response 的缩写，即每回应成本。
36	CPS	Cost Per Sales 的缩写，即销售分成。
37	CR	Conversion Rate 的缩写，即转化率，是指单位时间内成交客户数与店铺访客数的比值。
38	CRM	Consumer Relationship Management 的缩写，即客户关系管理。
39	D2C	一家移动广告营销公司，成立于 2000 年 6 月 1 日，其主要业务有两部分，一是移动游戏及应用的开发运营，二是移动手机广告代理及营销。
40	DH	敦煌网。
41	DM 目录	传统单张目录。
42	DSP	Demand Side Platform 的缩写，即需求方平台。
43	DT	Data Technology 的缩写，即数据处理技术。
44	DZ	即页面重构，页面制作。
45	eBay	全球最大的网络交易平台之一，为个人用户和企业用户提供国际化的网络交易平台。
46	EC	Electronic Commerce 的缩写，即电子商务，指在互联网（Internet）、企业内部网（Intranet）和增值网（Value Added Network，VAN）上以电子交易方式进行交易活动和相关服务活动，是传统商业活动各环节的电子化、网络化。
47	EDI	Electronic Data Interchange 的缩写，即电子数据交换，是指按照通用标准格式，将标准的经济信息，通过通信网络传输，在贸易伙伴的电子计算机系统之间进行数据交换和自动处理。
48	EDM	Electronic Direct Marketing 的缩写，即电子邮件营销。
49	EP	Enterprise Portal 的缩写，即企业门户，一般是指企业对外宣传和展示产品、活动、服务，以及企业的核心价值、口号、形象等信息的，对外开放的，企业独有的网站。
50	ERP	Enterprise Resources Planning 的缩写，即企业资源计划，它将企业的财务、采购、生产、销售、库存和其他业务功能整合到一个信息管理平台上，从而实现信息数据标准化、系统运行集成化、业务流程合理化、绩效监控动态化、管理改善持续化。
51	F2B	1. F（Factory）代表工厂，B（Business）代表商家，F2B 是指从工厂直接到商家，省去中间流通环节。 2. F2B 即 Farm to Business，农产品直供模式，通过省去中间渠道，将产品直接从产地运送至城市的学校、食堂、机关、酒店等。

续表

序号	术语	说明
52	F2C	Farm to Customer 的缩写，即线上多渠道模式，对于多品牌农业基地的产品，可以借助淘宝等电商平台，实现农场与家庭的对接，采用预售和订购的模式来销售农产品。
53	F2F	是一种新概念营销模式，是家庭或者个体（Family）到厂家（Factory）的一种直销模式。
54	F2T	Farm to Table 的缩写，即从田间到餐桌，农村电商常用语。
55	Facebook	是美国的一家社交网络服务网站，于 2004 年 2 月 4 日上线，主要创始人为美国人马克·扎克伯格。截至 2016 年 7 月，Facebook 拥有约 10 亿用户，是全球第一大社交网站。
56	Flash	即 Macromedia 公司推出的交互式矢量图和 Web 动画的标准。网页设计者使用 Flash 可创作出既漂亮又能改变尺寸的导航界面及其他奇特的画面。
57	Global	即环球资源网，是一个 B2B 多渠道的国际贸易平台。
58	Google	一家美国的跨国科技企业，致力于互联网搜索、云计算、广告技术等领域，开发并提供大量基于互联网的产品与服务，其主要利润来源于 Adwords 等广告服务。
59	GPRS	General Packet Radio Service 的缩写，即通用分组无线业务。
60	GPS	Global Positioning System 的缩写，即全球定位系统。
61	Groupon	美国较早的团购网站，其运营模式是一种多方（消费者、商家等）共赢的电子商务和线下消费的模式。消费者、商家、网站运营商各取所需，让资源配置得到最大的优化。
62	GSM	Global System for Mobile Communications 的缩写，即全球移动通信系统。
63	ICQ	一款即时通信软件，支持在 Internet 上聊天、发送消息和文件等。
64	IOS	由苹果公司开发的移动操作系统。
65	IP	Internet Protocol 的缩写，即网络之间互连的协议。
66	Java	一种可以撰写跨平台应用程序的面向对象的程序设计语言。
67	JS	JavaScript 前端开发。
68	KPI	Key Performance Indicator 的缩写，即关键绩效指标，是通过对组织内部流程的输入端、输出端的关键参数进行设置、取样、计算、分析，衡量流程绩效的一种目标式量化管理指标，是把企业的战略目标分解为可操作的工作目标的工具，是企业绩效管理的基础。
69	LBS	Location-Based Services 的缩写，即基于位置的服务，是指通过电信移动运营商的无线电通信网络或外部定位方式，获取移动终端用户的位置信息，在 GIS（地理信息系统）平台的支持下，为用户提供相应服务的一种增值业务。
70	Light in the box	兰亭集势。
71	M2C	Manufacturers to Consumer 的缩写，是生产厂家直接对消费者提供自己生产的产品或服务的一种商业模式，特点是流通环节减少至一对一，降低销售成本，从而保障产品品质和售后服务质量。

续表

序号	术语	说明
72	Mooc	Massive Open Online Courses 的缩写，即大型开放式网络课程。
73	O2O	Online to Offline 的缩写，即在线离线 / 线上到线下，是指将线下的商务机会与互联网结合，让互联网成为线下交易的平台。
74	OICQ	简称“QQ”，是腾讯公司开发的一款基于 Internet 的即时通信软件。
75	OMS	Order Management System 的缩写，即订单管理系统。
76	P2P	Peer-to-Peer 的缩写，点对点网络借款，是一种将小额资金聚集起来借贷给有资金需求人群的一种民间小额借贷模式。P2P 还有一种更广泛的概念，泛指互联网金融，即借助互联网、移动互联网技术的网络信贷平台及相关理财行为、金融服务。
77	PayPal	贝宝，是美国 eBay 公司的全资子公司。
78	PC	Personal Computer 的缩写，即个人计算机。
79	PCS	计量单位的简写，即 Pieces，指一块、件、片、篇、张、条、套，多见于外贸交易中，后为书写方便，延伸到其他行业，可代表以个、包、袋等表示数量的产品。
80	PDM	Product Data Management 的缩写，即产品数据经理。
81	PDA	Personal Digital Assistant 的缩写，即个人数字助理。它是一种集中了计算、电话、传真和网络等多种功能的手持设备。
82	PE	Private Equity 的缩写，即私募股权投资。
83	PM	Project Manager 的缩写，即项目经理。
84	POP	Point Of Purchase 的缩写，即卖点广告，又称店头陈设。
85	PPC	Pay Per Click 的缩写，即点击付费广告。
86	PR	Page Rank 的缩写，即网页排名，又称网页级别。
87	PR	Public Relations 的缩写，即公共关系，或称公众关系、机构传讯。在线上，PR 指口碑传播，它涵盖许多活动，如社区关系、市场营销及用户购买等。
88	PS	Adobe Photoshop 的缩写，是由 Adobe Systems 开发和发行的图像处理软件。
89	PV	Page View 的缩写，即网站被浏览的总次数。
90	QC	Quality Control 的缩写，即品质控制，又称质检，指对产品进行初步检验，排除质量问题。
91	QR code	二维条码，一种为编码、店址、URL 等开发设计的二维条形码。
92	RAN	即无线接入网络。
93	RM	Rich Media 的缩写，即富媒体，这种应用采取了所有适合的最先进技术，以便最好地传达广告主的信息，甚至与用户进行互动，如视频、Flash 广告等。
94	ROI	Return On Investment 的缩写，即投资报酬率。
95	SCM	Supply Chain Management 的缩写，即采购管理系统，主要用于采购申请、采购订货、仓库收货、采购退货、购货发票处理、供应商管理、价格及供货信息管理、订单管理等功能作业。

续表

序号	术语	说明
96	SEM	即竞价排名，联盟广告，搜索引擎营销。
97	S2B	Supply Chain Platform to Business 的缩写，即服务于中小企业的供应链平台。
98	SEO	搜索引擎优化。
99	SKU	Stock Keeping Unit 的缩写，即单品，库存进出计量的单位。
100	SLA	Service-Level Agreement 的缩写，即服务水平协议，是关于网络服务供应商和客户间的一份合同，其中定义了服务类型、服务质量和客户付款等术语。
101	Smartphone	即智能手机，能够提供数字音频服务，以及文本消息、电子邮件、Web 浏览、照相机、摄像机、MP3 播放器、视频播放器及备忘录管理等功能组合。
102	SMS	即短信。
103	SNS	社会性网络服务，专指帮助人们建立社会性网络的互联网应用服务，包括社交软件和社交网站。
104	Social Networking	即社交网络，允许用户加入虚拟社区，并且与朋友或有共同兴趣爱好者进行互动的网站。
105	SRM	Supplier Relationship Management 的缩写，即供应商关系管理。
106	Switched line	即交换线路，通信链接，每次使用时其物理路径均不相同，如公共电话网系统。
107	Tablet	平板，包含在一个触摸屏下完整的计算机，可以单独用作上网目的，也可以作为一般意义上的个人电脑使用，其有别于一般电脑的特色在于屏幕即输入设备，通过用手写笔或手指触摸屏幕进行输入。
108	TDD	Technology Development Department 的缩写，即技术研发部。
109	Tethering	即网络共享。
110	Touch Screen	即触摸屏，能够感应手触或手写触摸笔的显示屏。
111	TPL	Third Party Logistics 的缩写，即第三方物流，在电商行业意指快递公司。
112	Twitter	一家社交网络及微博客服务的网站，它允许用户将自己的最新动态和想法以短信息的形式发送到手机和个性化网站群，而不仅仅是发送给个人。
113	Uber	优步，一种全球即时用车软件。
114	UED	即用户体验设计，交互设计。
115	UI	User Interface 的缩写，指用户界面。
116	UC	优视科技出品的浏览器。
117	UV	Unique Visitor 的缩写，即独立访客。
118	Vanity URL	实名网址，域名，由一家公司创建的用以突出某款特定产品或用于广告活动的微网址。
119	Virtual Goods	即虚拟商品，在互联网上进行买卖交易的非实物物品。

续表

序号	术语	说明
120	VMD	Visual Merchandising 的缩写，指“视觉营销”或者“商品计划视觉化”。
121	VoIP	即互联网协议电话，它是一项利用公共互联网及私人干线并通过分组交换 IP 网络进行双向声讯传输的数字电话服务。
122	Web App	即网络应用程序。
123	Web Browser	即网络浏览器，访问万维网（www）的首选应用程序。要想访问一家网站，可以在浏览器顶部的搜索框中输入该网站的网址（URL），之后便可跳转至该网站的主页。
124	WiFi	Wireless Fidelity 的缩写，是一种可以将个人电脑、手持设备（如 PDA、手机）等终端以无线方式互相连接的技术。
125	Wish	一款根据用户喜好，通过精确的算法推荐技术，将商品信息推送给感兴趣用户的移动优先购物 APP。
126	Witkey	即威客网，是指为威客提供交易平台的网站。威客的英文 Witkey 由智慧（wit）、钥匙（key）两个单词组成，是指那些通过互联网把自己的智慧、知识、能力、经验转换成实际收益的人。
127	WMS	Warehouse Management System 的缩写，即仓储管理系统，主要用于收货、入库、出库、仓库调拨、BIN 位移转和虚仓管理、批次管理、物料对应、库存盘点、质检管理、虚仓管理和即时库存管理等作业。
128	YouTube	设立在美国的一家视频分享网站，用户可下载、观看及分享视频或短片。
129	3PL	Third Party Logistics 的缩写，即第三方物流，电商行业意指快递公司，同“TPL”。
130	3C 产品	计算机（Computer）、通信（Communication）、消费电子（Consumer Electronic）三大类电子产品的统称。
131	备货清关	商家将境外商品批量备货至海关监管下的保税仓库，消费者下单后，电商企业根据订单为每件商品办理海关通关手续，在保税仓库完成贴面单和打包，经海关查验放行后，由电商企业委托国内快递公司派送至消费者手中。
132	成本结构	Cost Structure，即所使用的工具和方法的货币描述。
133	导购返利平台	针对国内消费者进行海外网购的返利网站，其返利商家主要是美国、英国、德国等的 B2C、C2C 网站，如亚马逊、eBay 等，返利比例为 2% ~ 10%，商品覆盖母婴、美妆、服饰、食品等综合品类。
134	动销率	商品动销率 = 动销品种数 ÷ 门店经营总品种数 ×100%。
135	动销品种数	门店所有商品种类中实现销售的商品种类总数。
136	二跳率	网站页面展开后，用户在页面上产生的首次点击被称为“二跳”，二跳的次数即为二跳量。二跳量与浏览量的比值称为页面的二跳率。
137	分销渠道	Distribution Channels，即公司用来接触消费者的各种途径。
138	海外自营电商	随着国内消费者在国外电商海淘量增大，海外电商（如亚马逊）顺应开发中国渠道，提供海外直发等业务。
139	核心能力	Core Capabilities，即公司执行其商业模式所需的能力和资格。

续表

序号	术语	说明
140	集货模式	商家将多个已出售的商品统一打包，通过国际物流运至国内的保税仓库。电商企业为每件商品办理海关通关手续，每件商品经海关查验放行后，再由电商企业委托国内快递公司派送至消费者手中。每个订单附有海关单据。
141	价值链	Value Chain，为了向客户提供产品和服务的价值，进行的相互之间具有关联性、支持性的种种活动的集合体。
142	价值配置	Value Configurations，即资源和活动的配置。
143	价值主张	Value Proposition，即公司通过其产品和服务所能向消费者提供的价值。价值主张确认了公司对消费者的实用意义。
144	京挑客	京东商城为开放商家提供的一种按照实际成交额给推广者支付服务费的广告投放模式，类似于淘宝的淘宝客。
145	京东快车	京东商城推出的站内竞价的搜索广告体系，类似于淘宝的直通车，体现形式为搜索结果页的推广商品、商品精选，以及部分类目三级列表页的热卖推荐。
146	客单价	即店铺每一个买家平均购买商品的金额，也就是平均交易金额。客单价＝成交金额/成交笔数。
147	客户关系	Customer Relationships，即公司同其消费者群体之间建立的联系。
148	跨境 O2O	主要以实体店铺作为销售场地，提供产品，消费者通过扫描二维码进行线上购买。
149	平台型电商	目前主流的跨境进口电商模式，提供流量渠道，商家入驻开店开展销售。
150	平行仓	各仓库之间库存品种基本一致，单仓库存仅参与本仓覆盖的区域销售。
151	收入模型	Revenue Model，即公司通过各种收入流（Revenue Flow）创造财富的途径。
152	淘宝客	帮助淘宝卖家推广商品并按照成交效果获得佣金的人（可以是个人或者网站）。
153	淘工厂	链接淘宝卖家与工厂的平台，用以解决淘宝卖家找工厂难、试单难、翻单难、新款开发难的问题。
154	淘金币	淘宝网的虚拟积分。
155	跳出率	指浏览了一个页面就离开的用户数占一组页面或一个页面访问次数的百分比。
156	跳失率	指顾客通过相应入口进入，只访问了一个页面就离开的访问次数占该页面总访问次数的比例。
157	网状仓	指各仓库之间库存品种存在一定的差异，同时每个仓的库存都参与对所有仓的覆盖区域销售。
158	消费者目标群体	Target Customer Segments，即企业所瞄准的消费者群体。
159	直购进口	快件清关确认订单后，国外供应商通过国际快递公司将商品直接从境外邮寄至消费者手中。
160	子母仓	各仓之间库存品种存在一定差异，且其中一个仓作为所有仓库的总仓，拥有比其他任何仓都要齐全的品种，总仓面对所有仓的覆盖区域销售，其他仓的库存仅参与本仓覆盖区域的销售。

续表

序号	术语	说明
161	自营电商	一种电子商务模式，其特征是以标准化的要求，对经营产品进行统一生产或采购、展示、在线交易，并通过物流配送将产品投放给最终消费群体，如京东商城、科通芯城等。
162	钻展	指淘宝网图片类广告位竞价投放平台，是为淘宝网卖家提供的一种营销工具。
163	微客	微工作电子商务平台。